あなたの営業力、伝える力10倍up《アップ》の極意

はじめに

私たち日本人は大学卒業まで営業とは何かを教わっていません。

営業力は、個人の能力でもかなり差がつく能力といえます。

しかし、ご安心ください。営業力は、その基本を押さえ、コツとツボを学び、実戦していけば誰でも身につけることができます。

本書では、40年以上の営業経験をもつ著者が実体験に基づき、分かりやすく解説しています。

その間、私自身営業関連の書籍も多数読み、自分の血となり肉として吸収してきました。本書では、そのノウハウを一挙公開したいと思います。

10年ほど前に『ナンバー1になる為の最強営業マニュアル』をインターネットから1万円で購入しました。それを読み返しましたが、ナンバー1営業パーソンとして活躍してきたノウハウ的な内容でした。部外秘となっていましたが、本人以外にはあまり通じないような内容でした。もちろん私が既に実戦している内容も多々ありました。

本書は、営業パーソン個人に属するような属人的な内容でなく、誰にでも通用するような分かりやすい内容となっています。

私が三井物産に入社したのが昭和47年（1972年）でしたが、最初の3年間は経理部門（開発本部管理会計部開発会計課）でした。

経理の仕事の1つに営業が発行する支払い伝票が、契約通り支払われているかどうかチェックする仕事があります。しかし、正直言って大学まで営業とは何かを教わっていなかったので、営業内容に関しては、頭でしか理解できていませんでした。

入社4年目の昭和50年（1975年）に開発本部鉄鋼建材部に異動しました。そこで徹底的に国内営業の基本をたたき込まれました。鉄鋼建材部に3年間在籍し、その後石炭部に異動しました。そして、カナダ三井物産で新規炭鉱開発及び石炭会社との契約関係業務をしていました。

鉄鋼部門の営業は全部で9年間経験しました。しかし、結局は三井物産の看板と信用力で営業していたことになります。

私の営業力が一気に花開いたのは、１９８４年11月末に情報産業部門情報産業開発部に異動してからです。特にテレマーケティングの新会社もしもしホットラインを１９８７年6月に設立し、営業担当役員になってから私の営業力は飛躍的に伸びていきました。自他共に認めるナンバーワンのトップセールスマンとなりました。

さて、営業力の核となるものは人脈力です。情報産業部門に異動してからは、異業種交流会に積極的に参加し、自らも異業種交流会を主催して、徹底的に人脈力をつけていました。その詳細については、本年4月に出版した拙著『あなたの人脈力10倍アップの極意』を参照願います。

私は株式会社もしもしホットライン創業の経験を活かして、10年後の１９９７年5月に三井物産を早期退職しました。三井物産には25年間在籍しましたが、そのうち約20年間営業でした。

三井物産を早期退職して、早24年目となります。三井物産在職中はやはり三井物産の看板と信用力で営業していました。退職してからそのことを痛感しました。

三井物産の看板と信用力がなくなった以上、さらに人脈力の重要性を実感し、人脈力を強化していきました。同時に営業力も強化していきました。

本書は、40年以上に及ぶ営業経験のノウハウを集約した私の集大成の書です。しかも、大企業の営業パーソンだけでなく、中小零細企業、個人事業主の目線でも書いています。さらにはネットワーカーの人にも参考になるような内容になっています。これを第4章「MLMで成功する伝える力を身につける」で詳しく書きました。MLMでは営業力よりむしろ伝える力をいかに付けるかが重要といえます。そのことを意識して書き上げました。

一方、2010年に『あなたの営業力10倍アップの極意』というDVDを発売しました。私の営業ノウハウの極意だったので応用編と併せ9800円の価格設定をしました。その後、10年が経過し、その間私自身さらに営業経験を積んできました。

本書は、そのDVDの原稿に、その後10年間の営業経験を基に、大幅に加筆修正しました。したがって、本書はかなりのお得感があると思います。本書を活用し、「実戦」することであなたの営業力は飛躍的に向上していくものと思います。

ただし、営業力は一朝一夕には付きません。「実戦」という言葉を使いましたが、本書をマニュアル代わりに使いこなし、現場で活かすことで、あなたの営業力は着実に伸びていくことと思います。

営業力の基本はコミュニケーション能力です。コミュニケーション力を磨くことが求められます。コミュニケーション力アップには、本年10月に発売した拙著『あなたのコミュニケーション力10倍アップの極意』を実戦することで、歯車のように噛み合って、あなたの営業力は伸びていきます。

一方、本年1月に、『Bob Sugaya のあなたの英語力10倍アップの極意』を出版しました。私の『10倍アップの極意シリーズ』の第1弾です。国際化時代の現在、英語力はますます求められます。英語力をアップしたい方には是非おすすめです。

『10倍アップの極意シリーズ』の第2弾は、本年4月に発売した『あなたの人脈力10倍アップの極意』です。

そして、10月に第3弾『あなたのコミュニケーション力10倍アップの極意』を出版しました。

『10倍アップの極意シリーズ』は、全て私自身の経験に基づいています。そのノウハウを若い人に開陳し、精神的遺産として遺すつもりで出版しています。

来年は左記『10倍アップの極意シリーズ』4冊を出版の予定です。

3月『あなたのプレゼン力、トーク力10倍アップの極意』

自分はプレゼンが苦手という人は結構います。しかし、本書は誰でもプレゼンができるようにその極意、私のノウハウを披露しています。その際に必要なトーク力も追加しており、これは類似書にない試みといえます。

6月『あなたの仕事力10倍アップの極意』

営業力、プレゼンテーション力の基礎には仕事力があります。営業力は個人差が出てきますが、仕事力は基礎をしっかりと学べば誰でも平均点以上の力を身につけることができます。

9月『あなたの人間力10倍アップの極意　ビジネス編』

営業力をアップさせる重要な要素として人間力があります。私の実体験をもとに徹底的に解説します。

12月『心身共にあなたの健康力10倍アップの極意』

健康であってこそ良い仕事ができます。それが営業力、プレゼンテーション力に繋がっていきます。

右記4冊は、営業力を伸ばすには必須のアイテムです。ご期待ください。

令和2年12月

富、無限大コンサルタント
最勝の経営参謀役
菅谷信雄

目次

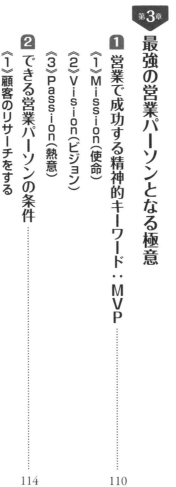

第4章 MLMで成功する伝える力を身につける

SALES FORCE

序章

本書の特長、効果的な読み方

営業力アップには様々な能力が求められます。本書は営業初心者からベテランまでを対象としています。初心者は、本書を熟読し、自ら実戦し、1つずつ身につけていってください。最初から全部身につけようと思っても、厳しいです。

しかし、私の40年以上に及ぶ営業経験とノウハウを本書で習得できるわけですから、優秀な営業パーソンになる時間はかなり短縮されると思います。

一方、ベテラン営業パーソンは、既に知っている箇所もあると思います。その部分は復習の意味で軽く読み飛ばせばいいと思います。しかし、こういう切り口ややり方もあるのだと参考になる部分もかなりあります。その部分を取り入れ、ご自分の営業力の1つに加えていったらいかがですか。

そのとき姿勢としては、「こんなこと知っているよ」と馬鹿にするのではなく、素直な姿勢で本書の内容を吸収しようとすれば、あなたの営業力アップに貢献すると思います。私も長年トップセールスマンとして活躍してきた自負があります。決して損はさせません。

本書の序章では、全4章にわたる本書の読み方を解説しています。ここでまず全体的な流れをつかんでください。

第1章では、営業力アップの基本要素を記述しています。

第1項では、基本要素として、人脈力、コミュニケーション力、仕事力、プレゼンテーション力、英語力、人間力、健康力を取り上げています。

次に第2項として、営業で成功するキーワードとして私の造った言葉SUCCESSを取り上げ、解説しています。このキーワードは、営業パーソンとして成功する資質を取り上げています。誰でも簡単にできるＳ（スマイル）からＣ（コミュニケーション＆コントロール）というかなり上級レベルのものまで取り上げています。

第３項では、「商品コンセプトを明確にする」を取り上げています。これは売れる商品作りのための極めて重要な要素です。ベテランの営業パーソンでも、あなたの会社の商品を徹底分析して、売れる商品、仕組みを作ってみてください。

第４項では、売れる商品作りのための強みと弱みを解説します。ここも大切なポイントです。

第５項「受注に至るまでの基本的な流れ」では、現代でも通用するＡＩＤＭＡという伝統的な概念を解説します。


次に第２章では、より具体的に「営業力10倍アップのコツとツボ」を学びます。

第１章を読み、実戦しただけで、かなり営業力はついてくると思います。

第２章では、営業力アップのために、さらに具体的に個別解説していきます。

第１項では営業力を強化するコツを取り上げます。

第2項は、「売上高をアップさせる基本方程式」です。ここでは、数字による目標管理の重要性を説きます。

第3章「最強の営業パーソンになる極意」では、求められる精神的態度を第1項から第3項で解説しました。

即ち第1項では、営業で成功する精神的キーワードMVPを解説しています。この精神的態度をしっかりと身につけたとき、あなたは一流の営業パーソンになっています。

第2項では「できる営業パーソンの条件」を解説しました。

そのために、第3項では、「営業活動の基本：PDCAサイクルを回す」を解説しています。このPDCAサイクルを回しているかどうかで、一流の営業パーソンかそうでないかの見分けがつきます。そのぐらい重要な営業パーソンとしての武器です。

第4項では、「信頼残高を築く」を解説しています。

『あなたの人脈力10倍アップの極意』でも、『あなたのコミュニケーション力10倍アップの極意』でも「信頼関係の構築」を解説しています。私はこの「信頼関係の構築」を一番大切にしています。自分のことしか考えない営業パーソンでは、一時的に営業成績を上げることができても、長期的には難しいといえます。

そのベースとなるのが、経営の神様といわれている京セラの稲盛和夫名誉会長が常々掲げている「営業は利他行」ということです。他の人の役に立ってこそ正しい営業、と稲盛和夫名誉会長は喝破しています。

第5項では、「習慣化の大切さ」を説いています。

本書で解説したことを習慣化できれば、あなたも最強の営業パーソンの仲間入りができます。

第4章は、今回MLM従事者のために新たに追加しました。

拙著『生涯現役社会が日本を救う！』の第3章で最強のビジネス・モデルを取り上げました。その具体論を解説して欲しいとのリクエストが読者からありましたので今回取り上げてみました。

本章を読み、実戦することで、成功の階段を上っていくことができます。

以上、本書の流れをざっと説明しました。
さあ、序論はこれくらいにして、各論に入っていきましょう。

SALES FORCE

第1章

営業力を強化する基本要素

1 次の能力を強化して営業力をアップしよう

営業力の構成要素を見ると、人脈力、コミュニケーション力、仕事力、プレゼンテーション力、英語力、人間力、健康力等様々な能力が求められます。これらは一朝一夕にはできあがりませんが、時間をかけて築いていくものといえます。1年、2年、3年、5年、10年とかけていくうちに、自己成長していきます。その成長途上で自分の成長に気づいたときに、喜びを感じます。

営業パーソンというと、ノルマノルマに追いかけられ、大変だなあというイメージがあります。確かにそれはあります。そのノルマ、目標を達成したときの喜びは営業パーソンだからこそ味わえます。

しかし、これはまだ初歩の段階といえます。

営業とは、お客様のために、お客様のニーズに応えようと真摯に向き合い、お客様のニーズを満たし、お客様に喜ばれたとき、我が喜びにできる職種なのです。仏教でいう利他行の精神、つまり他人のお役に立とうという想いで仕事をすることと私は認識しています。

各項目の関係性を図示すると本項の最後の通りとなります。

《1》人脈力

やはり優秀な営業パーソンは人脈力が豊富です。会社の内外に豊富な人脈を創っています。私は、人脈と人脈力とを区別して使っています。人脈とはあなたの友人知人のことです。このうち、あなたの現在の仕事に役立つ人脈を人脈力といっています。

人脈力の構築の基本は信頼関係の構築にあります。本書でも第2章の第4項「信頼残高の構築」でそれを取り上げています。

信頼関係は仕事を通じて築かれていきます。だから相手のために誠実に、責任感をもって仕事をすることで築かれていきます。逆にここをおろそかにすると、信頼関係の構築はできません。むしろ信頼関係を壊すことになりかねません。

人脈力の構築には、本年4月に発売した拙著『あなたの人脈力10倍アップの極意』に詳細に書いてありますので、そちらをご覧ください。私の35年以上に及ぶ人脈力構築のノウハウを余すところなく書いている実戦書です。

《2》コミュニケーション力

コミュニケーション力は、全ての能力の基本といえます。コミュニケーションは、学校で習いません。特に日本人は日本語がどこでも通じる単一民族です。以心伝心という言葉があるようにあうんの呼吸で伝わります。伝わらない場合には、「空気を読め」という言葉もあるくらいです。

しかし、時代は大きく変わりました。

私が若い頃、1980年代までは右肩上がりの高度成長の時代でした。価値観も似ていました。一生懸命勉強して一流大学に入り、一流企業に就職し、良い家庭を持ち、良い生活を送り、定年後も悠々自適な生活を送ることを夢見ていました。

しかし、バブルがはじけ、既に30年経ちます。高度成長の右肩上がりの時代は終焉しました。資本主義が高度に発達した結果、皆が同じようにがんばれば同じように良い生活を送れる時代は終わり格差社会となってきました。そして、この格差はこれからも拡大していきます。

それは超高齢化社会の進展に伴い、日本社会全体の稼ぐ力が弱ってきたからです。したがって、今後は本項で取り上げた能力を身につけ、他者との差別化を発揮できた人が成功する時代となってきました。社会が求める人、社会に貢献した人、社会に役立つ人が期待される人材といえます。

価値観が多様化し、幸福感も多種多様です。だからよりコミュニケーション力が求められることになります。

そして、今やｗｉｔｈコロナの時代です。時代はさらに激変していきます。企業の半数は倒産するといわれている時代です。だから企業も個人も変化に対応できる能力を求められます

なお、コミュニケーション力の強化に関しては本年10月に出版した『あなたのコミュニケーション力10倍アップの極意』に詳しく説明してありますので、併せて熟読願います。

《3》仕事力

仕事力は、営業力ほど個人差は出ない能力といえます。しかし、それでもできる人とそうでない人とでは10倍以上の開きがあります。

今後、ＡＩの発達に伴い、人並みの仕事をしているとＡＩにどんどん仕事を奪われていきます。

本書でも仕事力アップの秘訣を書きますが、詳細は来年6月に出版予定の『あなたの仕事力10倍アップの極意』をご参照ください。ＡＩに負けない仕事力を解説したいと思います。

《4》プレゼンテーション力

私自身三井物産の鉄鋼営業パーソン時代は、プレゼンという概念はありませんでした。営業のやり方は、新日鉄を始めとする鉄鋼メーカーの担当者と親しくして情報を仕入れること。その情報を顧客であるゼネコンを訪ね情報交換することでした。

とにかく取引先に気に入られることが最優先の営業でした。

そんな私がプレゼンテーションの必要性を感じたのは、テレマーケティングの新会社もしもしホットラインを創ってからです。

プレゼンテーション力、トーク力の基本は、普段着の言葉で話すこと。「習うより慣れろ」です。プレゼンテーションの極意を一言で言うなら、「普段着で話すこと。普段自分が話していることをそのまま話せばいい」です。基本は少人数の前のプレゼンでも、大人数の前のプレゼンでも同じです。

詳しくは来年3月に発売予定の次作『あなたのプレゼン力、トーク力10倍アップの極意』をご参照願います。

《5》英語力

国際化の時代、普段英語を使わない人でも英語の必要性を感じている人は多いと思います。そんな人には、本年1月末に出版した拙著『Bob Sugaya のあなたの英語力10倍アップの極意』がおすすめです。英語力の取得にお金をかける必要はありません。定価1000円（消費税別）の本書を熟読し、実戦すれば誰でも英語が話せるようになります。

普段、私自身英語を話す機会がほとんどありません。今年の2月下旬に1週間弱米国ワシントンに出張しました。CPACという米国の保守団体が主催する1万人のコンベンションに参加しました。最後はトランプ大統領の1時間半のスピーチでした。私はトランプ大統領のスピーチに感激の涙を流しました。米国出張1週間で特に不便を感じませんでした。同書の実戦を私自身が証明したことになります。

なお、本書の読者に限り、著者サイン入りの同書を送料込1000円でお譲りします。

《6》人間力

本項の各項目を実戦していくうちに自己成長していきます。その結果喜びを得ることになります。そのとき人間力がアップしています。そのときの基準が利他行です。これがベースにあるかによって人間力の向上につながっていきます。利他行の継続により、人間力がアップしていきますが、５年、10年経ったときそれを実感します。もし、それが実感していないようならまだまだ利他行が足りないといえます。

また、人間力アップの秘訣として私が創った３ＫＳ（サンクス）の実戦がおすすめです。３ＫＳとは、３つのＫ、すなわち感謝の心、謙虚な心、寛大な心のことを指します。最後のＳは素直さのＳです。

私の行動哲学「活私豊幸」＝「自分を活かしながら人生の途上で出会った人々をいかに豊かに幸福にできる人間でありたい」も３ＫＳがベースとなっています。

なお、３ＫＳの解説は、『あなたの人脈力10倍アップの極意』と『あなたのコミュニケーション力10倍アップの極意』でも解説しています。

なお、両書の図表ではコミュニケーション力は一番下に配置しています。しかし、本書では人間力を一番下に配置しています。それは人間力がアップするにしたがい、あなたの営業力もアップしていきますよという意味で一番下に配置しました。

詳細は来年９月に発売予定の『あなたの人間力10倍アップの極意　ビジネス編』で詳述する予定です。ご期待ください。

《7》健康力

最後は健康力となります。健康を損ねては良い営業はできません。

若い頃は健康のおごりがあります。私も若い頃には深酒をしたり、徹マンをしたりしたこともありました。夜更かしの朝寝坊タイプでした。

三井物産の独身寮（第2府中寮）に25歳～30歳までの5年間住んでいました。

毎朝ぎりぎりまで寝ていていました。毎朝寮の前から貸し切りバスが京王線東府中駅まで運行しています。私は毎朝パジャマを着たままパンを口にくわえながらバスに飛び乗ります。バスの中でパンを食べながら、パジャマからワイシャツを着て、背広姿に着替えます。ひげそりもバスの中でしていました。

そんな不摂生な生活をしていたので、夏バテをよくしていました。

しかし、若い頃の愚かさを反省して、今は規則正しい生活習慣、早寝早起き（11時就寝、5時起床）をしているので、若い頃よりかえって健康です。

心身共に充実した生活を送っています。

なお、来年12月に私の25年間に及ぶ健康力の集大成、実戦編として『心身共にあなたの健康力10倍アップの極意』を出版しますので、ご期待ください。

さて、これまで述べてきた7つの力に関し、相関を図表に表すと下記の通りとなります。

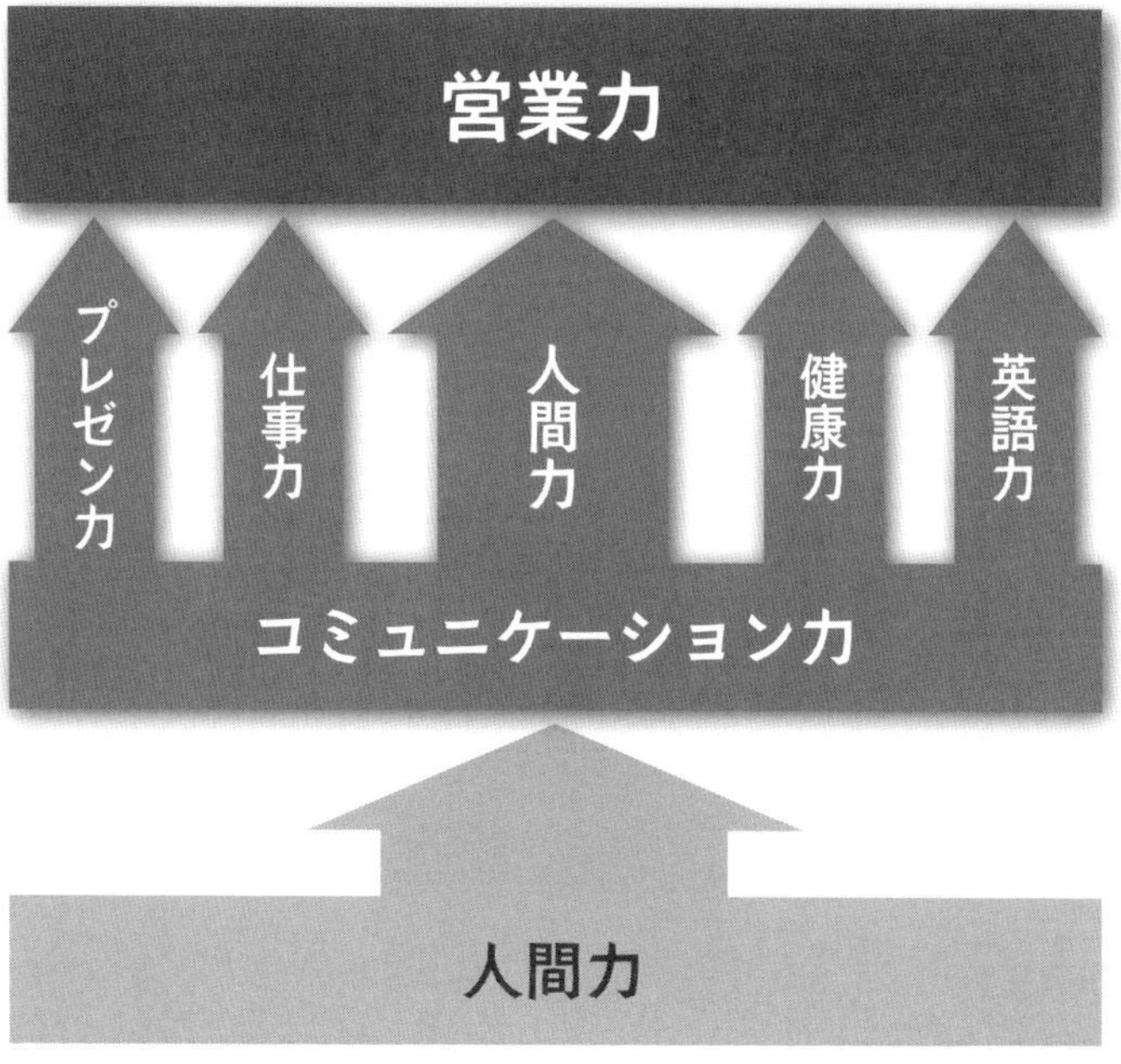

2 営業で成功するキーワード：SUCCESS

営業で成功するキーワード、SUCCESSは私が造った言葉です。Smile、Utilize、Communication、Control、Enthusiasm、Service、Satisfaction、これらの頭文字をとって、SUCCESSと名付けました。これが全て身につけば、営業力が10倍アップするような深いキーワードです。これを身体に刷り込ませて実戦できるようにすればいいわけです。

《1》Smile：笑顔

SUCCESSの1番最初のキーワードS、〝Smile〟ですが、笑顔はコミュニケーションの潤滑油です。あなたの表情は、相手との合わせ鏡となります。あなたが笑顔を向ければ、相手も自然と笑顔になります。逆に、あなたがしかめ面をしていれば、それが相手に伝わります。

ですから、営業というのは基本的に笑顔が重要だということです。ただし、ニタニタ笑いや、度を過ぎた笑いはいけません。営業の原点はＳｍｉｌｅです。常に笑顔を心がけていれば、お客様の気持ちも打ち解けて心を開いてきます。

ところが、まだ慣れていない若い営業パーソンなどは、顔を引きつらせて、説明するだけで手一杯、相手の反応を見る余裕もなく、ましてや、とても笑顔など作るどころではない、というような人がたくさんいます。では笑顔を作るにはどうすればいいでしょう。鏡を見て絶えず笑顔を心がける練習です。毎日、表情筋のトレーニングを行うことによって笑顔も作りやすくなるでしょう。

それから、相手と対面していない電話でもあなたの態度は相手に伝わります。しかめ面をしたり、腹を立てたりすれば、その波長が相手に伝わるのです。ですから、顔の見えない電話でも、笑顔で話すことが大事になってくるのです。

笑顔を作るのが苦手という人は、１００円ショップで手鏡を買ってきて、自分で笑顔を作るといいです。その訓練をすると、自然に笑顔を作れるようになります。

笑顔は相手との潤滑油です。相手とのコミュニケーションもうまくいき、その結果人間関係も良くなり、受注にも繋がっていきます。笑顔を作るのにコストはかかりません。

【デール・カーネギーの名言】
「笑顔には1ドルのコストもかからないが、1000万ドルの価値をもたらす」

《2》Utilize：活用する

SUCCESSの2番目のキーワードU、〝Utilize〟活用するということですが、活用にもいろいろな活用があります。

まずは他人の良いところを学んで活用するとそれが身につきます。次に、新聞や雑誌で読んだ情報を活用して、話題にします。

初めて会うお客様は基本的に心が開いていないものです。まず、笑顔で心を開かせる空気を作ります。

その次の段階では、顧客情報をインターネットで調べ、話題にするとお客様との距離感が一気に縮まることがあります。

また、今話題のスポーツの話題を出すのもいいと思います。ただし、お客様が乗ってこない場合、そのスポーツに関心がないと思いさらっと流すことも大切です。例えば自分はサッカーが好きだからといってサッカーの話を延々と話すといやがられるので気をつける必要があります。

とにかく営業パーソンとしては「持ち玉」をたくさん持っていることが重要なのです。

営業のプレゼンで大事なことは、いきなりプレゼンに入るのではなく、お客様の心を開かせることが重要なのです。そのための2つのツールが、「笑顔と活用」ということになってきます。また、活用するということは、次の〝Communication〟〝Control〟〝Service〟などにも役に立ってきます。

絶えずいろんなことに関心を持って、いろいろな情報を仕入れておくことが大事です。

《3》Communication：コミュニケーション

ＳＵＣＣＥＳＳの３番目のキーワードＣ、〝Ｃｏｍｍｕｎｉｃａｔｉｏｎ〟の極意は会話のキャッチボールだということです。お客様にプレゼンするとき、一方的に説明するだけでは意味がありません。途中でお客様の表情を見ながら、お客様が理解してくれているかどうかがポイントとなります。最悪のケース、お客様が眠っているということもあります。ですから、プレゼンペーパーを読むことに終始するのではなく、絶えずお客様が関心を持ってくれているかどうかを確認しながら進行させていくことが重要です。

お客様が関心を持ってくれていれば、会話のキャッチボールに繋がります。

私は、お客様が理解をしているかどうか確かめるために必要に応じて言葉のボールを投げます（キャッチボールの由来です）。ボールを投げてお客様がどんな反応を示すか見るわけです。その反応の仕方によって、次にどういうボールを投げたらいいか、直球でいくのか、変化球で外すのか、いろんなことを頭の中で判断しながら、次の言葉を選んでいきます。これは結構高度なテクニックで、いろんな経験と知識を必要としますので、一朝一夕にはできません。じっくりと経験を積んでから試みてください。

一方、お客様がどのような立場なのかによってプレゼンの仕方も変わってきます。例えば、お客様が中小企業なら社長、大企業なら部長クラスが会議に参加する場合、あなたの会社が大企業なら部長クラス、中小企業なら同じように社長の同席が必要となります。そして、誰がプレゼンするのかも事前に決めておくことがポイントです。

また、お客様が技術系の人なら技術的なこととの解説も必要となってきます。

《4》Control：コントロール

SUCCESSの4番目のキーワードCの2番目、〝Control〟ですが、与えられた商談時間の中でクロージングに持っていくテクニックとは何でしょう。

プレゼンというものは、大体1時間というケースが多いものです。お客様から1

時間でやってくれと言われた場合、その1時間をどうやってコントロールして組み立てるかということになります。起承転結を考えるのです。例えば、最初の出だしのところはお客様の心を開かせるところからスタートして、心が開いてきたら、お客様と会話のキャッチボールをしながら、プレゼンに入っていく、そして最後にクロージングとなります。

コントロールの高度なテクニックの例を1つご紹介します。会話のキャッチボールのなかで、お客様が自分の話をし始めて、脱線することがよくあります。しかし、それはお客様の気分が良くなってきたということなので、そこで無理矢理話を止める必要はありません。ただ、ときを見て適度なところで、脱線を戻させることも重要なことです。この脱線が長く続いてしまうと、プレゼンの時間が大幅に削られますから、消化不良、不十分なプレゼンに終わってしまう可能性があります。そこは、上手にコントロールしながら、お客様の脱線を元の土俵に戻すという作業。これも重要になってくるわけです。

それから、クロージングという言葉ですが、これは最後の締めくくりという意味です。しかし必ずしも、その日のミーティングで最後に注文をとるという意味ではありません。1時間のミーティングがそろそろ終わりに近づいてきたなというときに、お客様の反応の度合いにおいて、今日はどの程度まで持っていったらいいのか、次はどのようなアプローチをしたらいいかを決めることもクロージングとなります。ビジネスによっては、今日プレゼンしても今日は決まらない、ということも少なくないと思います。きちんとクロージングをやっておくと、次のフォローアップがしやすくなります。

あとは次のアポをとるということが重要です。お客様が関心を持ったら、必ずその日のうちに次の商談のアポをとることです。時間や日にちを置けば、お客様が捕まりにくくなり、関心も薄れていく可能性があります。

《5》Enthusiasm：情熱・熱意

ＳＵＣＣＥＳＳの5番目のキーワードＥの〝Ｅｎｔｈｕｓｉａｓｍ〟（インスュージアズム）。これはあなたの情熱こそが優秀な営業パーソンの第1歩ということです。あなたの情熱というものが、お客様に伝わっていくのです。この仕事は素晴らしいか、この仕事に燃えているか、あなたの考えや態度が身体に表れます。

「会社から『営業をやれ』と言われたから一応やってます」、というのでは、当然、熱意は伝わりません。その仕事をなぜしているのか、社会の役に立つ素晴らしい仕事だからだ、ということをきちんと自分の中に落とし込んでおく必要があります。ただ単純に、今期の営業ノルマを達成するために、という情熱では、お客様の気持ちは動きません。いかにその商品が素晴らしいか、本気で伝えることが成功するキーワードになるわけです。

あなたの熱意は、顧客からの資料要求に迅速に応えていくうちに伝わっていきます。

なお、〝Enthusiasm〟とMVPで解説する〝Passion〟は基本的には同じと思ってください。

《6》Service：サービス

次は6番目のキーワードS、〝Service〟。お客様に対する心のこもったサービス。この差が営業力の差となります。他社商品との差別化されていなければ、営業パーソンのサービスがことさら重要です。

それでは具体的にサービスとは何でしょうか。

まずはお客様からの問い合わせに直ぐに返事を返すことです。ときにはお客様を訪ね、資料を基に丁寧に説明することもサービスの1つです。

また、現在は様々なコミュニケーションツールがあります。それぞれの状況に応じて使うコミュニケーションツールが異なります。

例えば、単なる連絡事項なら携帯メール、パソコンメール、ＬＩＮＥでいいです。しかし、少し説明を要するものなら電話で対応することが必要です。最近はほとんどの人が携帯電話を使う時代です。大半の人が名刺に携帯電話番号を印刷しています。これは携帯電話に電話をかけていいという意思表示と捉えていいと思います。もし、携帯電話番号を名刺に記載していなければ、仕事の付き合いが深まってきた段階で電話番号を聞けばいいです。

しかし、この基本動作がなかなかできない人が非常に多いのは残念です。これをきちんとやらないと信頼関係の構築はできません。

詳しくは、拙著『あなたのコミュニケーション力10倍アップの極意』をご参照願います。

次にミーティングの約束には必ず時間厳守です。

それから資料を求められたら、期限厳守です。

こういう地道な積み重ねがサービスとなり、同じ商品なら信頼できる営業パーソンから商品を購入しようと思うようになります。

あなたがいかに誠意を持ってお客様にサービスするかによってお客様に真心が伝わります。

例えば私のようなシニア世代は、ＬＩＮＥやＺｏｏｍなどをもっと使いこなしたいと思っています。そこを親身になって相談に乗り、具体的なヘルプをすると一気に人間関係が深まります。この部分ではお金になりません。しかし、このようなお金にならないところで顧客に親身になって接することでお客様との信頼関係が生まれてくるわけです。この差が営業力の差となってきます。

《7》Satisfaction：満足

最後は7番目のキーワードS、〝Ｓａｔｉｓｆａｃｔｉｏｎ〟。お客様の立場に立ったサービスの延長線上が顧客満足です。サービスをきちんと行い、お客様が満足すれば、お客様の立場に立ったサービスの延長ということになります。これが顧客満足というものです。

これを私は、ＳＵＣＣＥＳＳという言葉にまとめました。これが身体に染みついてくると、あなたの営業力は10倍アップすることになるでしょう。

お客様があなたの会社の商品、サービスに満足しているなら、競合他社に切り替わることはまずありません。お客様の立場から見れば、普段コミュニケーションがとれ、信頼関係があるあなたから他社に切り替えることは、人間関係を一から構築しなければならず面倒くさいものです。

もし、あなたの会社の商品が他社に切り替わることは、それはあなたに対する不満がかなりあるともいえます。

3 商品コンセプトを明確にする

商品コンセプトとは、「顧客ベネフィット」とUSP（Ｕｎｉｑｕｅ Ｓｅｌｌｉｎｇ Ｐｒｏｐｏｓｉｔｉｏｎ：他社と比べ差別化して提供できるもの）の追求です。それではこの2つを説明したいと思います。

《1》「顧客ベネフィット」の追求

「顧客ベネフィット」とは、顧客がその商品に求める便益です。

例えばスマートフォン1つとってもユーザーニーズはまちまちです。

例えば私の場合なら、電話機能以外は、ＬＩＮＥは必須機能です。これにプラスアルファとしてＺｏｏｍ機能がコロナ禍以降必須のアプリケーションです。カメラ、マップも必須機能です。以前はカレンダー機能を毎日使っていましたが、最近は在宅ワークが多く、あまり使っていません。

その他インターネット、電子書籍、ネットバンキングを使っています。

若い人にはゲーム機能が必須でしょうが、私は関心がないので不要です。

こうやって顧客ニーズを把握すると自ずと「顧客ベネフィット」を把握できるようになります。

ＣＳ（顧客満足）を掲げている企業は多数ありますが、結局自社中心となっていることがよくあります。

顧客ニーズとは、顧客の価値観に基づくという原則と押さえることが重要です。

《２》ＵＳＰの追求「顧客の価値観の絞り込み」

ＵＳＰ（Ｕｎｉｑｕｅ Ｓｅｌｌｉｎｇ Ｐｒｏｐｏｓｉｔｉｏｎ：他社と比べ差別化して提供できるもの）のキーワードは、「顧客の価値観の絞り込み」です。

例えば、居酒屋を例に出してみましょう。

私の場合、優先する順位は、禁煙席であること。2時間も宴席でたばこの煙に晒されるのは苦痛以外の何物でもないので、これを最優先します。

次に、静かに話せる場所。最大の目的はノミニケーション。つまり飲み会を通じて親しくなり、情報交換をすることです。したがって、いくら安くても個室になっていない周りががやがやする居酒屋は苦手です。日本人の場合、酒の席になると日頃の羽目を外して、大声で騒ぎ立てる人が結構います。こういう人は苦手です。

3番目に料理の味です。おおむねどこの居酒屋に行っても、それほど料理で当たり外れのあることは少ないです。

最後に、値段です。居酒屋なのでたかが知れています。

私が主催するメルマガ読者の異業種交流会「ビジネス情報交換会」のあとは、道路を挟んだ目の前にある土風炉池袋東口店を毎回利用します。

こちらは、上記4点を全てカバーしています。飲み放題で、消費税込み3000円です。料理もお任せコースにしています。料理は多少物足りないところがありますが、税込み3000円なので良しとしています。最後は、参加者全員に3000円の領収書が発行されます。主催者としては、参加費が税別では、端数処理が面倒です。また、領収書まで出してくれるので助かります。

居酒屋土風炉は、顧客（この場合主催者である私）の価値観、ニーズをしっかりと把握して対応しています。まさにＵＳＰをきちんと発揮しています。だから毎回固定客として利用しているわけです。


この章のテーマをまとめますと、商品コンセプト＝顧客ベネフィット＋ＵＳＰと述べました。まずは、どこのお客様をターゲットにするか絞り込み、そのお客様が自分の商品、サービスにどんなベネフィットを求めるのかをリサーチにより把握し、それに対して自分がどんな商品、サービスが提供できるか、ということになります。

商品、サービスと述べてきましたが、商品と製品の違いを私なりの解釈で説明しますと、例えば、製品は、工場などでできた生産物といえますが、商品というものはそれに付加価値、サービスを加えたものと理解しています。ですから、同じ製品を商品として販売する場合に、人によってその付加価値、サービスが変わってくるからこそ、売れる人と売れない人の差がつくことになるわけです。

4 自分の強みと弱みを知る

USPを考える際に、自社の強みと自分の強みをしっかりと把握します。これを意識しながら実戦すると営業力がかなりアップしていきます。

《1》強みを徹底強化する

これは会社の規模、営業パーソンの年齢、性別、性格、キャリア等によって千差万別です。

まずは会社では、大企業なら会社の看板、信用があります。一方、中小企業の役割は大企業と同じ領域での勝負を通常はしません。大企業が取り扱わないニッチ、すなわち隙間部分で勝負していくことになります。その部分では大企業よりも優位に立つ商品、サービスを持っていることが多いです。また、中小企業は大企業にないきめ細かさ、かゆいところまで手が届くサービスが可能です。さらにきめ細かさ、かゆいところまで手が届くためには、あなたの出番となります。

前項のテーマで、ＵＳＰ、〝Ｕｎｉｑｕｅ　Ｓｅｌｌｉｎｇ　Ｐｒｏｐｏｓｉｔｉｏｎ〟のところで、他人にないあなたの強み、セールスポイントについて記述しましたが、今回はそこをぐっと補強していきます。これがポイントです。徹底的にチェックして欠けているところがあればそこを強化していきます。お客様の期待する便益、メリットを最大限に考えたとき、あなたが提供できる商品、サービスをどの程度提供すれば満足されるか、というところを見極めます。そのサービスを提供するときに、ここはまだ不足しているなと思えば、そこを理解し、把握し、補強し、強化していくということになります。これの繰り返しです。

これによって強みをさらに強化していくことになるわけです。あなたの業務に関連した書籍を読むとか、自分にないものを補強していくということも重要な課題となります。それはリサーチとの兼ね合いも考慮する必要があります。

お客様にはいろんな方がいらっしゃいますから、お客様にそのサービスを提供するときには、引出しをたくさん持っているほうがいいわけです。全部出す必要はありませんが。提供する商品、サービスに対していかに満足してもらうか、それがポイントです。そこを徹底的に磨いていく必要があります。

一方、あなたが、自分の強みをどんどん強化していくとして、そのこと自体はとても良いのですが、そこで自信過剰になると問題です。自信過剰になっているかどうかを決める1つのポイントは、人の話を聞くかどうかということです。人のアドバイスを素直に聞けるか、と言い換えてもいいでしょう。知人、友人は、耳当たりの良い言葉を言うものです。そのほうが楽だからです。「がんばれよ!」とか、「その商品はなかなか良いね」とか。言われたほうは褒められたわけですから耳心地が良く、気分が良いわけです。

しかし、逆にマイナスのことを言ってくれる人は非常にありがたいと思ってください。それに対して、「いや、そうじゃない」とか、「自分はこうしている」、「大丈夫だ」等と言えば、相手は反発したと感じてしまうことがあります。自分としては聞く耳を持っているつもりでも、自分が発した言葉をどう受け止めるかは相手次第なので、「この人は人の意見を聞かないな」、「聞く耳を持たない人なのだな」と思われたらそこで終わりです。「次にこの人にはアドバイスするのはやめよう」、

「言っても無駄だな」ということになってしまいます。

ここはとても注意が必要なポイントです。そうなると次第に孤独になってきます。あなたに対してアドバイスをする人がいなくなり、そこがあなたの成長の限界ということになってしまうわけです。

まとめれば、まず、自分の強みを強化することはとても大事なことです。ただ、人の話、意見、アドバイスに耳を傾けなくなったらそこであなたの成長は止まります。過去に私は、多数の人が自分の強みに固執するあまり、人の意見を聞かずに失敗するのを何度も見てきました。これはとても重要なことなのです。

《2》自分の弱みを補完する

自分の弱みを理解している営業パーソンは多いでしょう。自分の弱みを把握し、弱みを補強するということも大事なことです。

簡単な例として、キーボードを見ないで入力できない場合は、できるまでトレーニングするということです。

例えば、メールを書いても返信をして来ない人が結構います。ビジネスの場では、自分に関係する人にメールを送ることは当たり前のことですがそれができない人が結構います。

なぜか？

メールを送らない理由の1つは、キーボードが打てない、もしくは、打ててもスピードが遅くて面倒だ、というのでついつい怠ってしまうということがあるかもしれません。

しかし現代では、キーボード入力はビジネスを行ううえで必要最低限の能力といえます。キーボードの入力が苦手な人は、コミュニケーションに影響が出るだけでなく、いろんな面で支障が出てきますので、一念発起してパソコンスクールで徹底的にトレーニングする必要があるでしょう。これを乗り越えないと、ＩＴ時代のビジネスでは相当なハンディを負うことになります。キーボードの入力速度をあげる簡単なソフトも市販されていますので、是非、習得してください。

あとは、自分の弱みを補強しても足りない部分がある場合、社内、あるいは外部の協力を得るということが大事です。自分の弱みを全て自分でカバーすることは困難です。したがって、自分の弱みをカバーしてくれる人材を社内外に持つことです。

例えば営業面でいえば、ベンチャー企業家で独立して一番弱いところは営業力かと思います。会社に勤めていた頃は会社の看板の力で営業をしていると言っても過言ではありません。勿論、あなたの力はプラスアルファとなりますが、その会社の規模が大きければ大きいほど、会社の看板の力も大きく、総合力も大きくなります。あなたの営業力の７割くらいは会社の力と言ってもいいでしょう。しかし、脱サラして、個人会社を作ったときにはその７割の営業力はもうありません。売り上げは大きく落ちることになります。そこで、自分の弱みとなった営業力を、営業の得意な人に協力をお願いするのです。一部お願いするか、全部お願いするかは状況次第です。

また、営業を依頼するときに、その人に同行し、営業トークのフォローを行うといいでしょう。私もよく依頼を受けてプレゼンを行うことがありますが、商品の知識についてはすぐに把握して説明することができますが、詳細な内容について深く把握しているわけではありませんので、詳しい内容について質問が及んだときには依頼者にバトンタッチをします。

あとは、どのようにプレゼンするのかを学ぶことができます。単なるアポ取りだけではなく、プレゼンを行うときに、営業のできる人とできない人では結果に歴然とした違いが出てきます。営業の苦手な人、もしくは初心者というのは、自分の商品、サービスの説明を一方的に話し続けます。特に、技術やサービスの専門家は、相手が理解しているかどうかを省みず、自分の言いたいことだけ、独りよがりな説明をしがちです。挙げ句の果てに相手が理解できないとその人を見下してしまうような人さえいます。また、時にはテクニカルターム（業界用語）を使い、お客様が理解できないこともあります。

そんな人の説明は、お客様は聞いていません。つまり、プレゼンは失敗ということになります。

プレゼンというものは、お客様が理解して、納得して、あなたの商品、サービスを購入したいと思うかどうかが重要なわけです。

逆に、営業が得意な人は、プレゼンをしながら、お客様の反応を探りながら、対話型で説明を行っています。この辺のポイントが一番勉強になるのではないでしょうか。

アポイントメントについては、基本的に人間関係がないととれません。私のところにもよく、知らない人から投資や不動産などの営業の電話がかかってきますが、人間関係がないので、すべて断っています。ですから、いくらあなたの商品、サービスが素晴らしくても、あなたとの人間関係、信頼関係がなければ聞いてもらえないわけです。ですから、アポ取りに関しては人脈というものが大事になってくるわけです。人脈をたくさん持っている人を頼ってあなたの商品を紹介してもらうことも重要になってきます。

次にＩＴ関連ですが、現在はＩＴの技術が非常に発達して日進月歩です。ここを追いかけていくのはプロでないと無理です。私はある程度のことは自分でできますが、ネットの技術的なことはできませんし、それに費やす時間もありません。ですから、その部分については、ＩＴコンサルタントに月額いくらというかたちでお願いしています。

パソコンを使用しているとコンピュータウィルスなどセキュリティの問題がつきものですが、トラブルが起こったときには自分ではなかなか対応できませんので、プロに対応をしてもらいます。セキュリティをしっかりやらないでビジネスを進めていけば、取引先からひんしゅくを買ってしまいます。場合によっては出入り禁止になりかねませんので、そこのところはしっかり対応することが肝心です。

また、技術面についても結構あなたの知らないことがあると思います。ネット系のこと、コンピューター本体のこと、アプリケーションのこと、ネットでもクラウドコンピューティングなど、新しいものが次から次へと出てきます。

私の場合、月額1万円で外部の専門家にお願いしています。パソコンをやっていると結構自分の知らないことが頻繁に起こります。また、想定外のトラブルが結構発生します。そんなときには助かります。

特にパソコンの買い換え時には分からないことが多数出てきます。

今年の3月にWindows7からWindows10に機種変更しました。Microsoftの場合、ユーザーの利便性、使い勝手の良さなどお構いなしでアップグレードします。今回も非常に使い勝手が悪くなりました。慣れるまでは一苦労です。そのようなとき、外部の専門家と契約していると助かります。自分一人でやっていると、余計なことでいたずらに時間を費やしてしまいます。しかし、専門家を活用すればその分時間を節約できます。

このような自分が知らないこと、対応できないことについては、それぞれお互いに、社外の人たちと人脈のネットワークを作って、そこでサポートをしてもらうようにします。このような人脈のネットワークを作っておけば、逆にあなたの得意分野で彼らにサポートをすることも可能です。個人で事業を立ち上げた方、あるいは小さな会社で営業している営業パーソンは、お互いに人脈のネットワークを作り、お互いに補完していくことが大きな力になります。

《３》長所と短所は強みにも弱みにもなる

例えばあなたが寡黙な営業パーソンとします。顧客に対するプレゼンもそれほど上手とはいえません。しかし、顧客はあなたの誠実な人柄を見ているかもしれません。「誠実さは良い仕事をする」という格言があります。

逆に、話が得意な営業パーソンの場合、お調子者と見られるかもしれません。

前述のＳＵＣＣＥＳＳで一番最初に出てきたスマイルをいつも心がけていれば、お客様に良い印象を与えます。

5 受注に至るまでの基本的な流れ

《1》売上アップの基本は今も昔もAIDMA

私の大学の卒論では「消費者行動の理論及びそのコンピューターシミュレーション」というテーマを書きました。

そのときに習ったのが、このAIDMAです。

1971~72年のことですから、今から50年近く前のことです。

しかし、AIDMAは現代のマーケティングでも重要な原理原則となっています。

重要な原理原則は、時を超え生き残っていることを実感しています。この原理は100円ショップでの消費者行動からマイホームの購入に至るまで全て消費者の行動はこのAIDMAの過程を経るという理論です。それでは具体的に説明していきます。

ＡＩＤＭＡは、どんな消費者行動でも必ずこの過程を経ます。消費者行動がどの心理的段階にあるのかを把握するマーケティング用語です。これはＢtoＢ（法人向けビジネス）でもＢtoＣ（個人向けビジネス）でも基本は同じです。

Ａｔｔｅｎｔｉｏｎ：商品への注意喚起の段階
Ｉｎｔｅｒｅｓｔ：商品に関心を持つ
Ｄｅｓｉｒｅ：商品を欲しいと思う
Ｍｅｍｏｒｙ：実際に購入しようと意志決定
Ａｃｔｉｏｎ：購入する

あなたが見込客と面談し、あなたの説明をきちんと聞き、関心を持っていただけたなら、ＡＩＤＭＡのＤｅｓｉｒｅまでいっていなければ、実際の購入活動に結びつきません。

例えば１００円ショップの例で説明しましょう。

先日池袋の１００円ショップに万歩計を買いに行きましたが売っていませんでした。そのとき、店頭でアルファベットの文字が目に入りました。この段階はＡｔｔｅｎｔｉｏｎのＡ（商品に関心を持つ）の段階です。

次にその商品を手に取りました。高さ8㎝、幅6㎝程度で黒色でした。その瞬間、Ｉｎｔｅｒｅｓｔ（商品に関心を持つ）の段階に移行しました。私のニックネームはＢＯＢです。その瞬間、ＢＯＢをステレオセットの上に置いてあるスカイツリーのミニチュア（１０００分の１。６３４㎜）の前に置いたらすてきかもしれないとイメージしました。その瞬間、Ｄｅｓｉｒｅ（商品を欲しい）と思い、購入を決めました（Ｍｅｍｏｒｙ）。そのとき、白色もあったのですが、迷わず黒色の「ＢＯＢ」３文字をピックアップして、レジに向かい、購入しました。１００円ショップの例は、単価が安いので衝動買いも多く、１００円なのでだめでも直ぐに諦めがつきます。この商品は、スカイツリーのミニチュアの前に置いて、予想以上に満足しています。

なお、万歩計は近くのビックカメラで購入しました。１００円の万歩計と比べ、遙かに満足する機能でした。こちらも当然ＡＩＤＭＡの過程をたどっています。

次に、２年半前に現在のマンションを借りるときのＡＩＤＭＡの心理過程です。

その前は池袋のマンションに23年間住んでいました。私には子供がいないので、そろそろ売却して賃貸マンションに住もうと考えていました。

私の不動産に関する価値観は、マイホーム派から賃借派に変わりました。

高度成長の時代は右肩上がりでライフスタイルに合わせて買い換えるたびごとにより良いマンションに住むことができました。

しかし、デフレの人口減社会では不動産は右肩下がりの時代です。買い換えるたびごとに目減りしていきます。また、所有するリスクもあります。

そこで２年半前の３月末にインターネットで希望物件を探しました。築５年以内の70㎡台の都内３ＬＤＫです。駅から徒歩７分以内の物件です。この条件を満足する物件が３つ見つかりました。

最初に内覧に行った物件が王子駅５分の築５年物でした。

次に内覧に行った物件が京浜東北線東十条駅と南北線王子神谷駅５分の新築物件でした。こちらは８６４世帯の大型分譲マンションです。新築の13階の部屋が賃貸に出されていました。内覧して一目惚れ、直ぐに入居したいと思いました。王子の築５年物は新築と比べ古びた感じがしました。家賃も若干高かったです。

３件目は、池袋から１駅、椎名町駅前の新築物件でした。ただし、28世帯の賃貸専用マンションです。管理費は３物件とも同じ１万５千円でした。椎名町の駅前物件は、家賃も安く、部屋の面積は広かったです。しかし、28世帯の小型マンションでは、毎月の管理費が僅か42万円です。これでは管理人を常駐で雇う余裕はなく、入居後の管理に問題があると予想しました。そこで、2番目の物件に決定しました。

ここで私の賃貸マンションを借りる消費者行動を分析します。

そろそろ、賃貸マンションに住みたいと思う段階（Ａｔｔｅｎｔｉｏｎ）。インターネットで条件検索して、3物件に関心を持ちます（Ｉｎｔｅｒｅｓｔ）。次に内覧会に行き、最初の2物件に住みたいと思う（Ｄｅｓｉｒｅ）。そして、2番目の物件に是非住みたいと思う（Ｍｅｍｏｒｙ）。そして、賃貸借契約を結ぶ（Ａｃｔｉｏｎ）となります。

あれから2年半住んでいます。やはり新築マンションは設備も良く、気分が良いです。13階の高層階なので、見晴らしが良く、スカイツリーや東京タワーが南面のベランダから見えます。広いベランダも気に入っています。晴れた日には富士山がきれいです。そして、８６４世帯の大規模マンションなので、応接室、パーティ・ルーム、コンシェルジュ等共用部分が充実しています。5点満点なら間違いなく5点です。

いかがでしたか。１００円ショップの例でも、住まいの住み替えという人生の一大決断でも同じＡＩＤＭＡの過程をたどります。あなたの営業活動にも当てはまると思います。これは企業向けでも同様のことが当てはまります。私の事例から、あなた自身の商品を基に、ＡＩＤＭＡから業務フローを組み立てたらいかがですか。

ここで認知的不協和について説明します。これは、一橋大学の恩師田内幸一先生（故人）から教えていただいたものです。

消費者はその商品の購入金額が大きいほど、その商品を購入して本当に良かったのかと不安になります。購入後に競合商品を見にいき、自分の商品選択に誤りはなかったのかをチェックしようとします。これを認知的不協和といいます。

そのために、企業は顧客が購入後のアフターフォローが極めて重要となります。顧客の不平不満に耳を傾け、次の商品作りに活かしていくことが重要となります。

１００円ショップの商品なら認知的不協和は起こりません。

一方、賃貸マンションの件ですが、私の例でいうならば、他の２物件にしなくてよかったのかという不安ですが、それは全く起こりませんでした。当マンションは８６４世帯の大規模マンションなので、そのスケールメリットを十分享受していま す。

《2》インターネット時代のキーワードはAISAS

インターネット全盛の時代、インターネットを駆使したマーケティング手法も重要となっています。

ＡＩＳＡＳとは、ＡＩＤＭＡをベースに少しインターネット用に修正しています。

Ａｔｔｅｎｔｉｏｎ：お客様の注意を喚起する
Ｉｎｔｅｒｅｓｔ：興味を持たせる
Ｓｅａｒｃｈ：インターネットで探す
Ａｃｔｉｏｎ：購入する
Ｓｈａｒｅ：情報の共有

インターネットマーケティングでは、商品、サービスを見込客に認知させるには

ＳＥＯ（Ｓｅａｒｃｈ Ｅｎｇｉｎｅ Ｏｐｔｉｍｉｚａｔｉｏｎ）を活用します。消費者に認知させるには毎月最低５万円程度の投資は必要です。しかし、見込客に届くには一定期間必要なので、先行投資が必要です。商品、サービスの性格、誰がターゲットなのかによっても異なります。こちらはインターネットマーケティング用の専門書があるのでそちらの活用をおすすめします。

一方、最近はＳＮＳ全盛の時代です。Ｉｎｓｔａｇｒａｍ、Ｔｗｉｔｔｅｒ、Ｆａｃｅｂｏｏｋ、ＬＩＮＥ、メルマガ、ブログ等を活用しながら、商品、サービスをファンからファンへと拡大していきます。こちらは若い人が得意なので、若い人の感性を活用するといいです。

私の例で説明します。

コロナショックでスマホの殺菌の重要性が伝わってくる↓Ａｔｔｅｎｔｉｏｎ・Ｉｎｔｅｒｅｓｔの段階。

次にインターネットでスマホ殺菌商品を検索して商品を調べる↓Ｓｅａｒｃｈ

自分の気に入った商品が見つかったので購入↓Ａｃｔｉｏｎ

本件をメルマガを通じて読者に伝える➡Ｓｈａｒｅ

インターネットで商品を購入する場合、非常に早いです。スピード感が重要です。これを念頭に置いた営業活動が重要となります。

スマホ殺菌商品は、毎朝起床後にスマホを入れて消毒しています。すっかり習慣化しました。

私のところには、多種多様な商品について販路開拓の依頼が来ます。そのときのチェックポイントとして、商品の供給力と与信が重要です。与信とは、契約を遂行する能力です。

私がこの部分を納得できないと責任を持って販路開拓はできなくなります。もし、商品が本当にすばらしい場合にはそれを補完する仕組みを作ります。

プレゼンが苦手な中小・ベンチャー企業の経営者でも、ホームページがプレゼンをします。ホームページ制作を、自社の経営戦略の一環として捉えているかどうか、ホームページ制作費用と運営費用は戦略経費として位置づけているかどうか、中小・ベンチャー企業の経営者にとっても問われます。

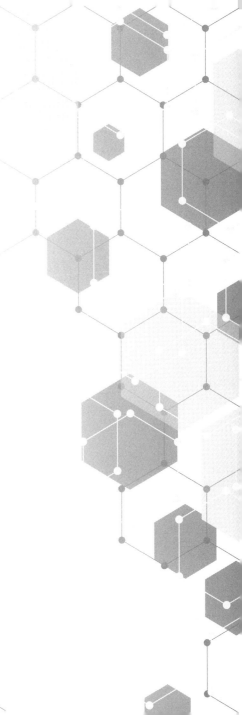

SALES FORCE

第2章

営業力10倍アップのコツとツボ

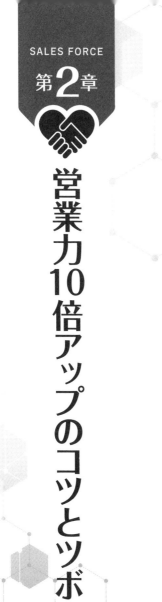

1 営業力強化の基本

《1》営業力アップのキーワード：「かきくけこ」

「か」：感情
お客様が商品を購入するときには必ず感情がある。
「き」：気遣い、気配り
お客様、取引先、社内への気遣い、気配りが仕事力アップの秘訣。
「く」：口コミ
あなたの仕事ぶりに満足するとお客様からの口コミで商売が増える。
「け」：検索力
インターネットの検索力を徹底活用することで、あなたの営業力は格段にアップする。

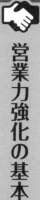

「こ」：行動力

営業パーソンは動きながら考える。動くことでいろいろなヒントが生まれる。

営業力強化の基本として、私は「か、き、く、け、こ」というキーワードを造りました。

「か」は感情。お客様が商品を購入する場合には必ず感情があるわけです。ＡＩＤＭＡの項目でも述べましたが、顧客が商品を購入する場合、必ず感情があります。営業パーソンは、顧客のその感情をいち早くキャッチすることが大切です。

次に「き」は気遣い、気配り。ここが営業パーソンの力の差が出てくるところです。営業パーソンはお客様だけではなく、取引先や社内での気遣い、気配り、これによって仕事力がアップしていきます。自分のことだけ考えている人はなかなかうまくいきません。お客様のことをよく考えているというのは当然としても、取引先、いわゆる業者という人たちに対する気遣いも重要です。例えば、販促チラシをつくる場合には業者に依頼するでしょうが、その人に対する気遣い、気配りがあることによって、無理を聞いてくれることもあります。これはあなたの営業力アップに繋がってくるわけです。あと社内への気遣いも大切です。そちらも仕事なんだからやるのが当たり前、という考えでは、人は気持ち良く動きません。その人も当然仕事を抱えているわけで、今その人がどの程度忙しいのかをよく理解したうえで頼めば、自ずとお願いの仕方も違ってくるでしょう。例えば、あなたの仕事を優先して欲しいということであれば、その人との人間関係がしっかりできていれば、よりスムーズに頼めるわけです。

ところが人間関係ができていなかったり、自分のほうが先輩だったりしたときに、少し上から目線で「やれよ」等という頼み方をすると、受けたほうも嫌な気持ちになり、感情的なしこりが残ります。その意味でも気遣いが大事なのです。気遣いとか気配り、これは相手の立場になって考えてみて、相手とのコミュニケーションがうまくいき、相手があなたのために気持ちよく働いてくれる、これが仕事力アップに繋がり、トータルの力が営業力アップになってくるということです。ですから、営業というのは決して注文をとることだけではないのです。注文をとるまでに、また、注文をとってからも、いろんな人との関わりが出てきますが、相手の人の立場、気持ちを考えながら仕事をすることが、気遣い、気配りということになります。

Coffee Break

―石田三成の三献茶のエピソード―

秀吉が戦の帰りに、小休止のためにあるお寺を訪ねました。そのとき、15歳だった三成と初対面しました。秀吉は、三成に茶を所望します。すると三成はぬるいお茶を茶碗1杯運んできました。秀吉はお茶を飲んでほっと一息ついて、たいそう喜びました。そこでもう1杯所望しました。すると三成は、今度は少し熱めのお茶を少し淹れて出しました。秀吉はそこではっと三成の気遣いに気づきます。さらに3杯目を所望します。すると今度は熱いお茶を少量持参しました。秀吉は三成の気遣いに感心しました。実は3杯のお茶には意味がありました。1杯目のぬるいお茶にはリラックス効果がありました。戦から帰ってきた秀吉をほっとさせようという気遣いです。次の少し熱めのお茶はリラックス効果。3杯目の熱いお茶は覚醒効果。秀吉はこれで気分がすっきりし、戦の疲れも吹き飛び、元気を取り戻しました。秀吉は、15歳の三成がこのような気遣いができることに感心し、その場で家臣として取り立てることにしました。

その後、三成は知略のプロとして、豊臣家ナンバー2の座まで上り詰めました。

３番目に「く」、口コミです。あなたが行った仕事に対して、お客様が満足をすれば、それが口コミによって伝わりあなたの商売が増えてくるということになります。

ＡＩＤＭＡの説明で認知的不協和の解消とあります。お客様は、商品・サービスを購入したら不安に思います。購入金額が大きければ大きいほどそう思います。この不安を解消すれば、お客様の信頼が増してくるわけです。

例えば１００円ショップで買ったものが良くなかったとしても、１００円なんだから仕方ないな、ということになります。ところが何百万円もする車を買った場合には、果たしてその車が良かったのかどうか、あとから不安に思うわけです。お客様というのは、車の購入後に、他社の同じような車種の車に目がいったりするものです。その車と自分の車を比較してみて、性能とか、価格、運転のしやすさ、乗り心地など、自分が買った車はリーズナブルだったか、選択に間違いなかったか、確認をしたがるものなのです。確認をする前は非常に不安なのです。この状態を認知的不協和といいます。

それを解消するのが有能な営業パーソンの役割になります。例えば、お客様が車を買ったあとに、電話をして、「いかがでしたか？」と尋ねます。そこでお客様が、不安とか問題を話してきたら、それを解決してあげることです。そうすればお客様は満足して、あなたに対する信頼感が増すわけです。「あの営業パーソンだったらアフターフォローもしっかりしてるし、紹介しようか？」ということになってくるわけです。これが口コミです。

口コミというのは、逆の口コミもあるので注意してください。例えば、何か商品を買ったときに、非常にサービスが悪くアフターサービスも悪い、トラブルが起きたがきちっと対応せず逃げ腰だった、というような場合、逆の口コミが伝わってきます。「あそこは良くないよ」というようなことです。ですから、あなたの対応次第で、良い口コミも、悪い口コミも伝わるということをよく覚えておいてください。多くの場合はその中間で、可もなく不可もなくという状態ですが，その場合には口コミは起こりません。

４番目は、「け」、検索力です。現代では、若い人なら当然、インターネットを活用して、検索を行い、それを営業に活用していることと思います。私の場合、新規に訪問するお客様だったら、そのお客様のホームページを見て事前に会社概要の中身をつかんでおきます。また、話のネタなども探しておきます。さらに、その業界の事情、商品の状況なども調べて商談に備えます。これをお客様との対話に利用すればコミュニケーションもスムーズになります。ですから、検索力があるかないかによって、営業力は大きく違ってくるわけです。

そして最後は「こ」、行動力です。営業パーソンの力の差を分けるのは、ずばり、行動力です。営業パーソンというのは動きながら考える、動くことによっていろんなヒントも生まれるのです。頭の中で考えていることと、実際に営業の場で起きることはかなり違います。

前に述べた顧客ベネフィットというのは、お客様が、その商品からどういう便益、ベネフィットを得られるか、ということです。

自分がどれだけその商品を良いと思っても、お客様にフィットしなければ、顧客ベネフィットが満足したことにはなりません。逆にお客様のニーズに合うものであれば、顧客ベネフィットになるわけです。実際にお客様と会ってみるといろんな情報を得られます。その会社の体質とか、歴史とか、業種、業態によっても異なります。ですから、頭で考えるのではなく、実際に行動し、お客様と接触することによっていろんな情報が得られます。その情報の中から必要なものを選び、軌道修正をかけていくわけです。一にも二にも行動することが重要です。行動力があるかないかで差がついてくるということです。

①「営業の達人のまねをする」

営業パーソンは、本人の性格や資質によりかなり個人差が大きい職種です。しかし、基本的なポイントを押さえればトップセールスマンになることは可能です。

基本的なポイントとは、コミュニケーション力と信頼性の構築です。そして、営業の達人のまねをすることです。

私が初めて営業経験をしたのが26歳のとき、三井物産の鉄鋼の国内部門の営業でした。

そのときマンツーマンで指導してくれた人が私より10年先輩の故土井貞夫さん（故人）でした。

土井さんは鉄の国内営業でナンバーワンといわれた方でした。その人に徹底的にしごかれました。そのお陰で営業の何たるかの基本を身体で覚えました。

また、土井さんから「相手に儲けさせろ」、「相手を儲けさせることにより、商売は繁盛していく」との営業哲学を学びました。

私にはその土井さんの考え方が今でも根付いています。

②「中小企業はコバンザメ商法で生きていく」

私は毎晩寝る前に快眠サプリメントアミノ酸グリシンを飲んでいます。当初は味の素のグリシン「グリナ」を飲んでいました。しかし、1ヶ月分の価格が7000円強もします。そこで、インターネットでいろいろなサプリメント、グリシンを検索しました。

注文の際、グリシンは天然成分なのかそれとも化学成分なのかということでした。

しかし、グリシンは化学合成でできたサプリメントで安価でできることが分かりました。そして安全性も確認しました。したがって、どこのメーカーも化学成分でした。

快眠サプリメント、グリシンの名前を一躍広めたのは味の素です。グリシンでインターネット検索すると味の素のグリナが真っ先に出てきます。

また、味の素はテレビCMを大量に流しており、いかにグリナに力を入れているかが分かります。

これに対し、無名のグリシン・プレミアムというサプリメントは、月額僅か1000円弱です。

無名のグリシン・プレミアムも購入して試しましたが、味の素のグリナのほうが多少いい感じがしました。

しかし、毎日飲むものなので、価格を優先しました。

このように大手企業が資金力にモノを言わせ販促をかけている商品をうまくテイクチャンスしたあやかり商法をコバンザメ商法といいますが、中小企業がとるべき戦略と考えます。

インターネットがこれだけ普及している現在、中小企業でも売上を増大させるチャンスは格段に増えています。

現在では、業務用のグリシンを1袋1kg1000円強で購入しています。これだと夫婦2人で3ヶ月持ちます。

③「メニューを絞り込む」

多くの食堂では自販機を導入しています。その際面食らうのがメニューの多さです。

私は「小諸そば」をよく利用しますが、毎回自販機のメニューに戸惑います。「小諸そば」とそばが、売り物のはずなのに、丼物がメニューのトップを占め、麺類は下の方に追いやられています。

私は毎回「麺」食らっています。

店員にそのことを伝えたら、結構客から苦情を聞くそうです。

経営者は、メニューを多くしたほうが顧客のためと思っているようですが、「小諸そば」のようなファーストフードの店ではメニューを絞り込むべきと考えます。

私が「小諸そば」で食べるとき、大半は急ぐことが多いので、注文するメニューは2～3種類程度です。

そのほうが調理も含めた店舗オペレーションの効率が良くなり、店の売上げも利益も上がると思います。

《2》成功の型を身につける

営業にも様々な営業のやり方があります。

私の場合、１９８６年11月末に三井物産㈱の鉄鋼部門から情報産業部門に異動しました。

そして、33年前にテレマーケティングの新会社㈱もしもしホットラインを設立し、同社で営業のプレイング・マネージャーとして新規販路開拓に全力投球しました。テレマーケティングの営業は、見込客のニーズを聞き、それに合わせた提案型の営業です。

それ以来、この新規販路開拓を中心とした営業が私に一番合っているようです。販路開拓には、当然豊富な人脈が必要ですが、私の場合、35年前から社外の異業種交流会に積極的に参加し、自らも異業種交流会を主催しています。これまでに延べ50以上の異業種交流会に参加しました。私の人脈は三井物産以外の人脈が多いのもこのためです。

それぞれ営業の得意の型があると思います。相撲でいえば、押し相撲なのか、四つに組んだ相撲なのか等、それぞれの体格や性格に合わせた得意な型があります。

営業も、年齢、自分の性格、キャリア等を考慮し、自分の得意な型を見つけると、営業力がアップしていきます。

《3》町中のファッションを見て時代の流れを知る

営業パーソンは、時代の流行にも敏感であることが必要です。町中のファッションを見ると時代の流れを感じます。

現在はｗｉｔｈコロナの時代です。ドキュメント番組では皆さんマスクをしたりフェイスシールドをしたりしています。町中を歩いても大半の人がマスクをしています。最近ではファッション性の高いマスクをしている人もいます。これは小池百合子東京都知事がはやらせたのでしょうか。あと、数年するとあのときはｗｉｔｈコロナの時代だったと直ぐに分かります。

一方、東池袋界隈を歩いていると、旧豊島区役所跡地にＨａｒｅｚａ（ハレザ）池袋という高層ビルが複合ビルとして完成しました。

豊島区は、かつて人口消滅都市として取り上げられ、危機感を覚えていました。再生のために、若者中心による活力を取り戻すための起爆剤としてＨａｒｅｚａを立ち上げました。

この辺りは若い女性がキャリーバッグをひいているのが目立ちます。サンシャインの近くにＫ‐ＢＯＯＫＳがあり、こちらを目指してコスプレを楽しむ若い女性が多いからです。そしてそのキャリーバッグのデザインが１つのファッションになっているようです。

キャリーバッグを常用すると日常の活動まで変わってきます。つまり、キャリーバッグの中にいろいろなモノが入るので、普段持ち歩くモノまで増えてきます。

この中に入れるモノが何かをリサーチし、商品を考えると新たな市場が拓けるかもしれません。

2 売上高をアップさせる基本方程式

《1》売上高をアップさせる基本方程式とは

売上高をアップさせる基本方程式。売上高というものは1つの方程式で導かれます。顧客数×単価×購入回数です。

この3つの要素はそれぞれの商品とか、サービスとか、業界によって様々です。ですから、どこをどう留意するのか、どう関連付けるかも様々です。この3つの要素をどのように注文してどのように変動させていったら最大の売上高が得られるのかということになります。

売上高 ＝ 購入回数 × 単価 × 顧客数

売上高をアップさせる3要素のどれかをアップさせれば売上高がアップすることは誰でも理解できます。

しかし、理解することと、実戦してみることとは別問題です。

この3要素をアップさせる方法は、業界業種によって様々です。

それでは具体論に移りますが、全ての業界業種を網羅することは困難です。したがって、あなた自身が本書を読んで、あなた自身の業界業種に当てはまらない場合には、まずは本書の考え方をヒントにして、あなたの業界業種に当てはまるように応用してみてください。きっと何かが見つかるはずです。

本書は特定の業界業種向けの専門書ではないのですが、本書をヒントにいろいろと考えてみてください。

第1番目の顧客数については、顧客訪問回数です。

お客様を訪問しているうちに、あなたの熱意や誠意がお客様に伝わっていきます。その結果受注につながっていきます。

2番目の単価に関しても、値引きすれば売れると勘違いしているセールスパーソンも多いです。顧客が商品を購入するのは、その商品に価値を見いだし、価格よりその商品価値が高ければ購入するわけです。そして、その価値は顧客1人1人によって異なります。

3番目の購入回数に関しても、商品によって異なります。

英語のことわざに、“Honesty is the best policy”（正直は最善の策）といいます。

例えば車や保険商品等1回購入すればリピートが直ぐには起こらない商品もあります。しかし、そのセールスパーソンのサービスが良ければ別の客を紹介してくれることもあります。顧客から紹介された見込客のほうが、受注確率が高くなります。

こうやって信頼の輪を広げていく商品もあります。

こうやって、顧客数、単価、購入回数の3要素をアップしながら売上高の増加を図っていきます。

業界業種が違っても応用がきくので、どんな営業をやってもこの方程式は当てはまります。

《2》売れる仕組みを作る

本節では、顧客数、単価、購入回数の３要素を具体的にどうやってアップしていくのかを説明します。

これには下記４つのステップからなります。

①集客

これは業界業種によって様々です。

まず基本はあなたの友人知人の中に見込客がいないかどうかです。

BtoB（法人向け）営業なら、あなたの友人知人に見込客がいないかどうかをチェックします。あなたの友人知人が直接その部署にいることは少ないでしょう。そこで友人知人

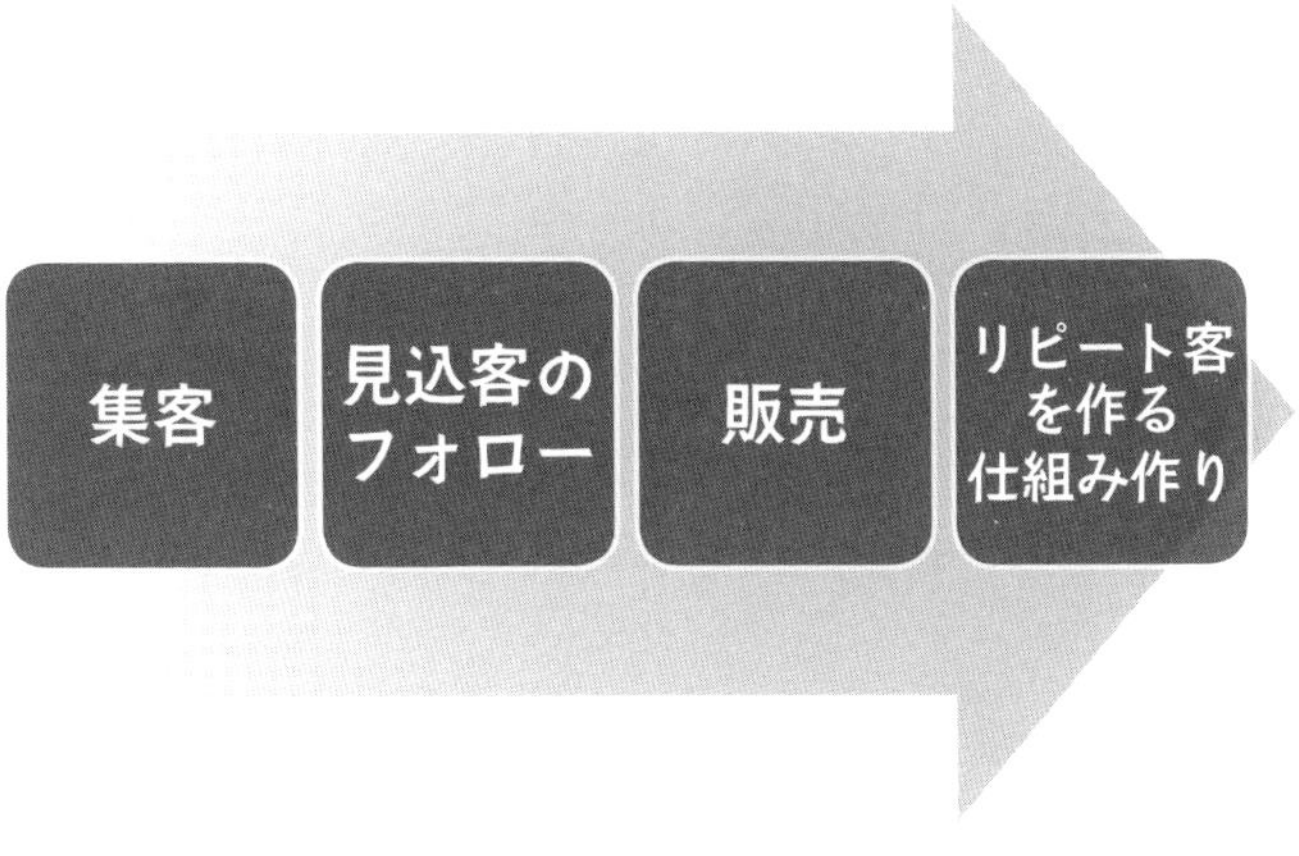

経由で紹介してもらいます。そのときに、すんなりと紹介してくれるかどうかは、その人の性格、社内の地位、それにあなたとの人間関係も影響します。

あなたとの人間関係がそれほど親しくなくても、まめで気さくな性格なら、結構紹介してもらえることもあります。

ただし、あなたの販売している商品、サービスがトップダウン型のものなら、その会社のトップに届かなければ、成約に結びつくことは極めて低くなります。

会社人間の場合、自分の立場、現在の取引先との関係を考慮し、あまり波風を立てたくないと思うことが多いのです。また、総務や人事の場合、自分の関係すること以外のことで時間に忙殺されることを嫌います。そのような場合、トップダウン型の営業となります。トップからの指示なら、万一その商品を導入して問題が起きてもトップに責任転嫁できます。

なお、成約した場合、友人知人への謝礼は、食事をごちそうする程度でいいでしょう。このフォローをすることで、その人との人間関係が良くなり、次に繋がります。

あなたの友人知人があまりいない場合には、異業種交流会に参加して、人脈作りをしていきます。

一方、ＢtoＣ（一般消費者向け）の商材の場合には、Ｔｗｉｔｔｅｒ、Ｉｎｓｔａｇｒａｍ、Ｆａｃｅｂｏｏｋ、ＬＩＮＥ等のＳＮＳや、メルマガの活用が挙げられます。ホームページとＳＥＯ対策といったやり方もあります。ＳＥＯ対策には先行投資がかかりますので、会社の承認を取り付ける必要があります。

それぞれの得意分野があると思いますので、そちらを活用したらいいです。

なお、人脈作りの詳細は拙著『あなたの人脈力10倍アップの極意』をご参照願います。

②アポ取り

既存の取引先とのアポはそれほど難しくないと思います。その場合、その部署の上司から取引先を紹介していただき、名刺交換して自分の名前を覚えていただきます。後日、電話するときでも電話をしてアポ取りがしやすくなります。

もし、あなたが新入社員だったり、営業経験がない場合、上司からその業界の慣習等を聞いて、アポ取りをすればいいです。

一方、新規の販路開拓にはアポ取りの能力が求められます。基本的には自分の友人知人に電話することになります。その場合には、新規のアポの取り方はそれほど難しくありません。

私が東京電力と商社と合同で創った東京通信ネットワークという会社に出向し、新規販路開拓をしていたときには、次のようなアポ取りをしていました。

「東電の子会社の東京通信ネットワークの菅谷と申します」と切り出せば、たいていの会社は素直に電話に応じてくれます。

しかし、こういう会社の信用力を使えない販路開拓の場合のアポ取りはやはり厳しいです。アポ取りの確率はかなり落ちます。それでも採算のとれる商材ならやってもいいと思います。この場合、アポ取りに向く性格とそうでない性格がありますので、その点を見極める必要があります。

特に、競合が激しいワンルームマンションや相場商品の電話はかなりアポ取りが厳しいです。1年経つと半数は辞めてしまうという厳しい営業です。会社側もそれを計算に入れて新卒を採用しています。このアポ取りの厳しい営業を乗り越えた人は、その後の営業力にかなりの力がつきます。しかし、これが苦手な営業パーソンは、自分の適性が向かないと判断したら、早々に配置換えしてもらいます。それが叶わない場合には、退職という選択肢もあります。

③見込客のフォローから販売

これも業界業種により様々です。当然、単価も異なり、リピート性の有無も異なります。

私が三井物産在職中に創ったテレマーケティングの新会社もしもしホットラインの営業を例に解説してみましょう。

家電製品の大手Ｓ社にカスタマーセンターの営業に行きました。カスタマーセンター業務は、フリーダイヤル０１２０を利用して、顧客からの苦情も含め様々な問い合わせに対応しています。もしもしホットラインの他社との差別化は、顧客からの苦情や問合せは宝の山として、それをまとめて毎月月報として届けることにしています。また、他社は１人のオペレーターが複数の顧客を同時に処理するマルチクライアント制を採用していました。

しかし、もしもしホットラインは、1顧客1室のシングルクライアント制を採用していました。この方式により、顧客の秘密の厳守と1人のマーケッターがそのクライアントだけを担当するので学習によりきめ細かい対応ができるのが売りでした。当然、他のテレマーケティングの会社と比べて割高となります。

今では顧客の秘密保持は当然のことですが、当時のテレマーケティング業界は安さを競っていた時代でした。しかし、もしもしホットラインは私の方針として適正利潤を確保しながら顧客満足度を上げるという営業戦略をとっていました。カスタマーセンターの営業は訪問したからといって直ぐに注文が取れるものではありません。しかし、一旦受注すると毎月安定的に収入が入り、経営の安定化に寄与します。

同社には1~2ヶ月に1度訪問し、新しい情報を提供し続けていました。あるとき、同社のテレビが発火事故を起こしました。そこで発火を起こした商品を全商品回収、すなわちリコールとなりました。同社には臨時の大量回線はありません。そこでもしもしホットラインに引き合いが来ました。大量回線を直ちに受注できるかどうかが最重要課題です。発注したテレマーケティングの会社が直ぐにつぶれては困るので信用性が重視されていました。また、突然の大規模カスタマーセンターを引き受けるたけの実績があるのか、その信頼も重視されました。もしもしホットラインは、三井物産の子会社ですから会社の経営は問題ありません。また、創業後3年は経っており、業界実績もありました。

その結果、相見積もりもとることなく、迅速性が最重要視され、もしもしホットラインに発注が決まりました。受注金額はもしもしホットラインの見積書通りとなり、もしもしホットラインのドル箱となりました。

読者の皆さんは、この事例の中に重要な点がいくつも入っていますので、熟読してみてください。あなたの営業活動に大きなヒントになるはずです。

④リピート客を作る仕組み作り

これも業界業種によって異なります。しかし、基本は信頼関係の構築です。私の例を描きましたので、読者の皆さんも参考にあなたの顧客のリピート化の仕組み作りに役立ててください。

コロナ禍で、私もＺｏｏｍの利用を余儀なくされました。Ｚｏｏｍをホストとして使い始めたのが、まだ5月のゴールデンウィーク明けでした。最初は1人を相手に、慣れるにしたがい徐々に人数を増やしていきました。

特に昨年出版した『生涯現役社会が日本を救う！』セミナーが人気を博し、Ｚｏｏｍの定員１００名では一杯となってしまい、５００名に増枠しました。

私が主催するセミナーは原則無料です。無料なので、口コミでどんどん広がっていきました。

毎回セミナーの最後に、私のサイン入りの同書を頒布しています。

『あなたの人脈力10倍アップの極意』のセミナーも実施しました。10月には『あな

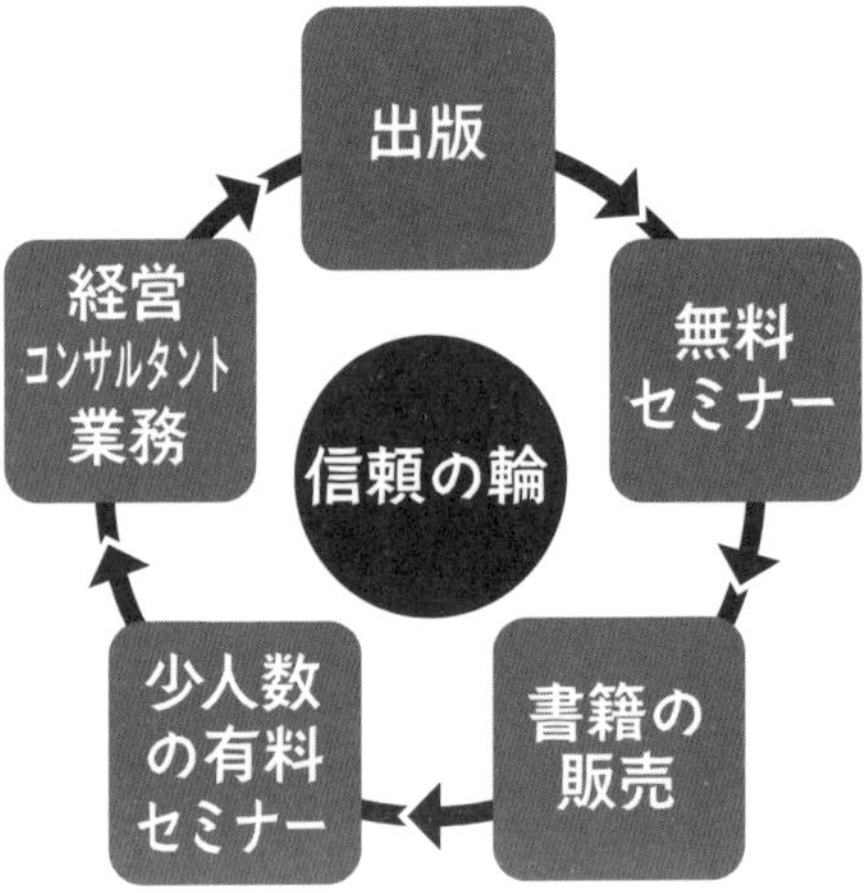

たのコミュニケーション力10倍アップの極意』を出版しました。そして、今回の『あなたの営業力、伝える力10倍アップの極意』の出版です。

今後は、無料の出版セミナーを実施します。そのときに書籍のPRをします。同時に人数限定の有料セミナーをＺｏｏｍで実施します。

次に有料セミナーに参加した読者のなかから、私の経営コンサルタントを希望する人を募っていきます。経営コンサルタントとしての私の信頼は、今後も出版を続けることによりついてくると思っています。再来年には『あなたの経営力10倍アップの極意』を出版し、さらに権威付けをしようと考えています。これが私の出版戦略です。

このサイクルを回していくうちに、信頼の輪が構築されていきます。信頼の輪が構築されていれば、セミナー会場を借りて開催することも必要なくなります。Ｚｏｏｍなら距離に関係なく、全国から参加できます。

そして、Ｚｏｏｍのメリットは参加者側から見ても、時間の節約とセミナー代以外の交通費、飲食費等の諸経費がかからないことです。また、コロナ禍の昨今、夜の飲み会をしない人が圧倒的に増えました。コロナ禍以降、Ｚｏｏｍ

利用者が急速に増えました。これもＺｏｏｍセミナーのメリットとなります。
私自身最初は業務の必要性から始めたＺｏｏｍですが、既に半年で１００回近いセミナーを実施して、Ｚｏｏｍセミナーがすっかり私の得意分野となりました。

《3》RFM分析

★売上高＝顧客数×単価×購入回数です。

右記３つの要素をどのように変動させたら売上高がアップするか、別の切り口から自分の業界のケースを考えてみましょう。

顧客分析：ＲＦＭ分析とは次の３つの頭文字をとったものです。

Ｒ：Ｒｅｃｅｎｃｙ（最近の購入日）
Ｆ：Ｆｒｅｑｕｅｎｃｙ（過去１年間の購入頻度）
Ｍ：Ｍｏｎｅｙ（購入金額）

売上高をアップする1つに、顧客分析、ＲＦＭ分析というものがあります。その分析手法の一部を解説します。

①Recency

一番最近の購入日のことです。そのお客様があなたの商品をいつ購入したかということです。購入日というのも商品によって異なります。１００円ショップの商品なら昨日買ったかもしれません。で、また今日も買うかもしれません。しかし、車だったらどうでしょう。何百万円もする車を、個人が、昨日買って、今日もまた買うなどということは基本的にあり得ません。

しかし、車の購入は通常の場合、ローン回数と車検のタイミングに影響されることが多いです。36回なのか、60回なのか、ローンを返済する直前、あるいは車検が切れる直前に買い換えをする人が多いのではないでしょうか。

また最近ではカーシェアリングも多くなってきましたので、車の販売だけにとらわれずに関連商品の販売も考慮した営業が必要となります。

近年では、環境に優しい電気自動車やハイブリッドカーも増えてきました。

また、自動運転技術の進歩もめざましく、ローンの返済や車検を待たずに、目新しい車に乗り換える人も多くいますので、お客様の購入タイミングを計ることはますます難しくなっている状況といえます。

また、国民の所得が頭打ちのデフレの時代では、顧客の好みは安価で低燃費の軽自動車にシフトしつつあります。軽自動車といっても、車内は意外と広いので、これも人気の理由と思います。

いずれにしても、お客様が最後に購入したのはいつか、ということを把握しておくことは非常に大事なことです。勿論、顧客のデータベースがあるということが大前提になります。

②Frequency

これは、過去1年間の購入頻度という意味です。例えば、100円ショップだったら、どこの店で、どういう商品を、どのくらい買ったかということがポイントになってきます。とはいうものの、100円ショップでこのようなRFM分析を行っているところは多分ありません。

しかし、最近の流れとしてはポイントカードが急増し、複数の企業が共有のポイントカードに相互乗り入れする時代です。ここから、今や時代の最先端をいっているビッグデータを得て、顧客の購買分析をすることができます。

これは、まさにＲＦＭ分析です。その顧客が、どういう消費行動をするのかということを、共通のポイントカードから把握し、その分析結果に最適なプロモーションを行います。

いかにＲＦＭ分析が重要かということになります。

③Money

購入金額のことです。例えば、１００円ショップで１万個買えば１００万円になります。車であれば１台で数百万しますから、購入金額というものは、商品やその数によって決まってきます。車など高額な商品の場合、あなたのサービスに満足するお客様だったら、そこから紹介してくれます。その紹介されたお客様も、あなたのお客様から紹介されたのですから、ＲＦＭ分析に加えてもいいでしょう。その方が、最後に車を購入したのはいつなのか、どんな車で、金額やローンなど、あらゆるデータをあなたのRFM分析に加えてみることによって、あなたのデータベースはより充実します。

④顧客のランク分け

次に、RFM分析によって顧客をランク分けします。それによって、どのような販売促進をかけていくのかを検討します。例えば、いわゆる上客、トップ5％の顧客に対しては、プロモーションの費用をたくさんかけてもいいのです。彼らには費用をかけて、VIP扱いをするプロモーションを行います。それがどれくらいの反応があったのか、分析することによって費用対効果を見ていきます。

次の標準的なお客様に対しては、数が多いのでプロモーション費用全体としてはかかりますが、1人あたりのコストはかなり下がってきます。この数が圧倒的に多い層に対してどんなアプローチをしていくのか、これもポイントになります。

その次のあまり購入していないお客様、あるいは過去1年間に購入していないお客様に対してはどんな販売促進をするのか。ここに力を入れるのか、入れないのかも1つの重要な戦略になってきます。

例えば、最近、このお客様が、なぜ買わなくなったのか、その原因を分析するのも大事なことです。

例えば、池袋でいえば、ここは元々ビックカメラの牙城でしたが、三越が入居していたビルにヤマダ電気が進出してきました。池袋駅東口目の前の超一等地です。

それ以降、池袋の量販店の勢力図が、ガラッと変わりました。2強の時代に入ったわけです。そのあおりを受けて、弱小のさくらやなどは閉店してしまいました。ビックカメラの側からしてみれば、今まで買ってくれていたお客様が減ってきたのは、ヤマダ電気に流れていったからかもしれません。であれば、そのお客様を呼び戻す作戦を考えないとだめです。お客様がビックカメラからヤマダ電気に流れたとすれば、当然、そこに何かしら理由があるはずです。その理由を調べて対抗手段を考え、お客様のビックカメラに抱く不満足感を解消し呼び戻すことが大切です。

ランクが一番下のお客様とはいえ、買ってくれないから切り捨てるのではなく、なぜ買わないのか、理由を調べることも必要なのです。それから過去1年間だけでなく、3年間、5年間と、調べてみることも必要です。住所は遠いけれどたまたま池袋に来たときに買ってくれたお客様かもしれません。過去5年間でほとんど購入していないというお客様には、プロモーション費用をかけないという選択肢もあります。やはり費用対効果は大事ですから。

⑤顧客数の増加方法

さて、元に戻って、売上高＝顧客数×単価×購入回数ということですが、ここをじっくり見て、まずあなたのお客様の数を増やすということですが、どうやったら増やせるかといえば、人脈力です。

次に単価、これについては、単純に安いとか、高いとかで決めるべきではありません。

顧客ベネフィットのところで触れましたが、商品コンセプトを明確にして、あなたの商品に期待する顧客ベネフィットがどの程度なのかを把握して、その価値が提供する金額以上のものだったら、お客様はその金額を喜んで払うわけです。

例えばショッピングサイトを作ることについても同様です。できあがったサイトにアクセスが多くあり、商品がどんどん売れるというような状況であれば、お客様は喜んで制作費を払ってくれます。ところが、サイトは作ったけれど全然売れないということになれば、そこにかけたお金は高くついた、ということになります。

車のような商品については、何年に1回ということになるかと思いますが、お客様が車を購入すれば、その年の購入回数は1となります。この回数は普通増えません。しかし、そのお客様の口コミから購入者が1人出てくれば、そのお客様の購入回数は2と数えられませんか。売上高=顧客数×単価×購入回数ということを、量的なものだけでなく、質的なものも分析する必要があるわけです。そして売上高が伸びない場合、何が原因で、何が問題なのか、そこをきちっと分析し、把握することが大事です。

ここに売上高アップの秘訣が隠されているのかと思います。

《4》フロントエンド商品とバックエンド商品

フロントエン商品とは単価の安い集客のための商品です。ときには無料のこともあります。単価の高い商品（バックエンド商品）を売る場合、いきなり売るのではなく、単価の安い販売しやすい商品で見込客を集めます。そのうえで本命商品（バックエンド商品）を販売していく作戦となります。

例えば前述の私の例でいうならば、無料セミナーで集客をする。そのセミナーで私の書籍を販売する。私のセミナーや書籍はフロントエンド商品となります。次に少人数の有料セミナーを実施する。こちらもフロントエンド商品です。セミナーを通じてファン層を作り、信頼関係の構築を図ります。そのうえで、バックエンド商品である経営コンサルタント契約に繋げます。経営コンサルタントの仕事はこちらからお願いして受注する仕事ではないので、見込客から私のほうに依頼するケースが大半です。口コミのケースも多いです。だから信頼関係の構築が最重要となります。

一方、出版により私の経営コンサルタントとしての権威付けを狙っています。今年は10倍アップの極意シリーズとして英語力、人脈力、コミュニケーション力、営

お手数ですが
63円切手を
貼って下さい

郵便はがき

114-0002

東京都北区王子五－一－一－三三四

㈲マーキュリー物産
菅谷信雄著書
愛読者アンケート係 行

愛読者アンケート

フリガナ お名前	男・女	歳
ご住所　〒 都道 府県		
携帯番号		
メールアドレス		
ご職業	①会社員　②経営者　③公務員　④自由業　⑤自営業 ⑥主婦　⑦学生　⑧年金生活者　⑨ビートルズファン ⑩ネットワーカー　⑪その他　（複数選択可）	
今後著者のメルマガ等を お送りしてもよろしいですか。	はい・いいえ	

※本アンケートご回答の皆様に**先着20名様**に著者菅谷信雄の出版記念講演会にご招待いたします。
該当者には別途ご案内させていただきます。

◆本書をどのようにお知りになりましたか

①書店で見て　②インターネットで見て　③著者と知り合いだから
④友人、知人から　⑤その他（　　　　　　　　　　　　　　　　　）

◆本書をお読みになった感想をお聞かせください

5段階評価	5	4	3	2	1

業力の４冊を出版しました。来年は、プレゼン力、仕事力、人間力、健康力の４冊を出版予定です。実績を作ることにより、経営コンサルタントとしての権威付けを図っています。

《5》返報性のルール

返報性のルール。変わった言葉なのでご存じない読者もいるかもしれません。例えば、人というのは、人からサービスやものをもらったときに、恩義を感じるわけです。それを返さなければいけないと思います。一種の精神的負担感、圧迫を感じるのですね。そしてこれを解消しようとします。これが返報性のルールといいます。これを営業活動に活用すると一定の成果に繋がります。例えば、デパ地下の食品売り場で、試食品は無料で食べられますが、食べてしまうとなんとなく負担を感じ、買わないといけないような気持ちになることがあります。勿論、買わない人のほうが圧倒的に多いのですが、デパートの地下食品売り場で試食させるということは、費用対効果があるわけです。１００人に試食させて、１００人とも買わなければ、費用対効果はゼロです。これでは試食させる意味がありません。費用対効果があるからこそやっているわけです。各種プレミアム商品や化粧品のサンプルなどもそうです。これをあなたの日常のビジネス活動のなかで考えてみてください。

例えばあなたが、人から何か頼まれたときに、あなたが気持ちよく受けたなら、頼んだ人は非常に喜びますよね。そしてあなたとの人間関係は良くなります。あなたがもし将来、その人に何か物事をお願いするようなことがあったなら、その人はあなたに快く協力をしてくれる可能性が高いわけです。ですから、人からものを頼まれたときには、見返りを求めず気持ちよく応じる、その人のためになるならという思いでいれば、いつか困ったことが起きたとき、あるいは、何かビジネスで解決したいことがあったとき、その人はあなたとの信頼関係ができているので、非常にやりやすくなるわけです。

返報性のルールというのは、あなたの日常の営業活動のなかで、相手の役に立とう、という気持ちを常に持つこと。すなわち仏教でいう利他行です。京セラの稲盛和夫名誉会長は、常々経営も営業も利他行だとおっしゃっています。これが経営の神様といわれるゆえんかもしれません。

SALES FORCE

第3章

最強の営業パーソンとなる極意

1 営業で成功する精神的キーワード：MVP

ＭＶＰは私の造った言葉で、プロ野球のＭＶＰ（Ｍｏｓｔ Ｖａｌｕａｂｌｅ Ｐｌａｙｅｒ：最優秀選手）をヒントに造りました。

Ｍ：Ｍｉｓｓｉｏｎ（使命） Ｖ：Ｖｉｓｉｏｎ（ビジョン） Ｐ：Ｐａｓｓｉｏｎ（熱意）の頭文字をとった造語です。

《1》Mission（使命）

何か仕事をするときというのは、自分が取り組む業務により、どのように社会に貢献していくのか、使命感を持って仕事に向き合うこと、これが一番大事です。これがあるからがんばれるのです。これがあるから他人の協力が得られるのです。単なる金儲けだけが目的ならば、金儲けだけが目的の仲間が集まり、うまくいかなければそれでお別れですが、使命感があると、自分自身が目的に向かってがんばれるだけでなく、周りの協力者たちも根気よく付き合ってくれます。ですから、まずはこのＭ、使命感がスタート時に必要なものかと思います。

　あなたが勤める会社が何の使命感もなくただだやっているような会社なら、あなたはいずれ会社に不満を持ち、辞めていくことになるでしょう。やはりあなたの会社の社長が使命感をもって経営しているならあなた自身も張り合いが出て、厳しいノルマでがんばれるのです。

　しかし、ときにはタテマエと本音があります。社長の言っている使命感と現実が異なることも往々にしてあります。そのような会社の場合、長く勤められないかもしれません。使命感が明確で

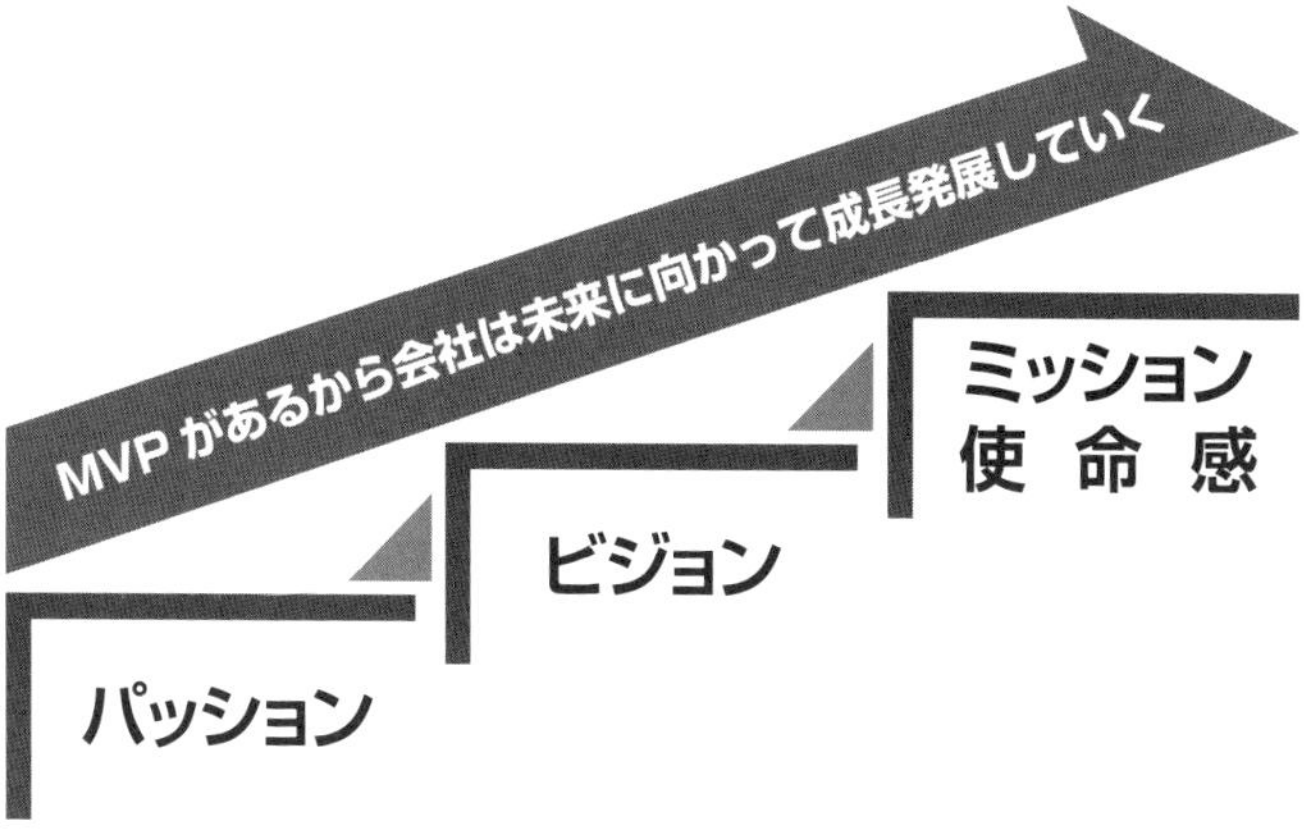

それに基づいて実践している会社だからあなたも生きがいを持って仕事ができ、自己成長に繋がっていくわけです。

《2》Vision（ビジョン）

使命感に基づき、具体的に何を行うかといえば、次のV、〝Vision〟に落とし込むことです。使命感に基づき自分は何がやりたいのか、使命感が素晴らしければ素晴らしいほど、未来の素晴らしいビジョンを描くことができます。営業パーソンのあなたなら、社長のビジョンの具体化、具体的なかたちに落とし込むことです。つまり、ビジョンをかたちにするには利益計画に落とし込む作業が必要となってきます。これは後ほど述べる「PDCAサイクルを回す」を参照願います。

《3》Passion（熱意）

〝Mission〟素晴らしい熱意を持って、〝Vision〟素晴らしい未来像に向かうからこそ、〝Ｐａｓｓｉｏｎ〟熱意、情熱が湧いてくるわけです。ここがポイントです。順番は〝ＭＶＰ〟であり、Ｐ、Ｖ、Ｍではありません。熱意や情熱は何で湧いてくるのか、強烈な使命感があり、具体的な構想があるからです。使命感が強ければ強いほど熱意も強くなり、多少のことではギブアップしなくなります。自らに課したＭＶＰ、これを達成したとき、あなたは、Ｍｏｓｔ Ｖａｌｕａｂｌｅ Ｐｌａｙｅｒ（Ｐｅｒｓｏｎ）になっていることでしょう。

人は仕事を通じ自己成長していきます。ＭＶＰ経営をしている会社ならあなたも会社の成長と共に自己成長できます。

2 できる営業パーソンの条件

《1》顧客のリサーチをする

これは企業でも個人でも同じです。企業なら見込客のホームページから相手の会社概要を把握します。

業務概要、設立年、会社の生い立ち、資本金、大企業の子会社なのか等資本関係、代表取締役のプロフィール等を調べます。あらかじめその情報を仕入れておき、ある程度の商談の組み立てをしておきます。商談の際には、頭で考えたことと実際とは異なることが多いので、そのギャップを修正していきます。この作業をしておくと、見込客との会話がスムーズに入り、記憶しやすくなります。

一方、個人の場合には、自分が直接知らない場合には、紹介者である友人知人から個人情報を仕入れておきます。

前向きでチャレンジングな性格か、それとも保守的な性格か。趣味、好み、年齢、家族関係等をリサーチしておき、それら個人情報を基に商談の際の論理の組み立てをしていきます。

《2》相手の長所を褒める

人は褒められれば悪い気がしません。気分が良くなって饒舌になることもよくあります。そこから提案する商品内容とマッチングするかどうかを頭の中で組み立てていきます。そして、キーワードとなるような言葉を投げかけ会話のキャッチボールをしながら商談を進めていきます。

《3》自分のPRもする「名刺は重要な営業ツールと認識する」

私自身、年間１０００人くらいの人と名刺を交換しますが、印象に残る名刺と、そうでない名刺があります。

大企業の場合、ネームバリューで仕事をしているので、特に名刺にこらなくても済みます。しかし、中小企業の場合、名刺は重要な営業ツールです。

私の名刺は、名刺を見ただけで、何を言いたいのか明確になっています。

一番上のキャッチコピー「あなたの会社を年商10億円企業に成長させる富、無限大コンサルタント」と青文字で記載しています。

年商10億円にしたい企業の社長なら、直ぐに関心を持っていただけます。

氏名菅谷信雄の左側には、最勝の経営参謀役と書いています。

さらに裏面には、「年商10億円企業10社輩出プロジェクト推進中！」と書いています。

そのために、

1本目の矢↓MVP経営の確立と事業計画の作成

2本目の矢↓戦略的マーケティング導入による売上倍増

3本目の矢↓営業力倍増

と記載しています。

さらに詳しく知りたい方は、ホームページを見ればいいようになっています。

その他、名刺にはまだまだたくさんのことがコンパクトに記載されています。これを説明するだけで、30分～１時間はかかります。

私の説明を基に、結構会話が弾むことも多いです。もちろん中小・ベンチャー企業の経営者にターゲットを絞っているので、その方に関心を持ってもらえればいいわけです。また、名刺交換後に私の顔を覚えてもらえるように、写真名刺にしています。写真名刺にするだけで、捨てられる確率は低くなります。名刺代は２００枚で３０００円強とかなりリーズナブルです。１枚当たり15円程度です。

ビジネスシーンの場、異業種交流会での名刺交換等は頻繁にありますが、営業ツールとしての名刺の重要性にもっと関心を持って欲しいと思います。

《4》見込客の近未来ビジョンを提案する

例えば富、無限大コンサルタントというのは、会社の成長を無限に発展繁栄させるコンサルタントであることを説明します。そのうえで、その会社が現在年商数億円の会社なら10億円に成長させる簡単なプロセスを説明します。

《5》感度を磨く

トップ営業パーソンとアベレージの営業パーソンの違いの1つに感度の違いが挙げられます。感度とは、同じ商材、ビジネスの説明を聞いても、いろいろなアイデアが湧き、どのようなビジネススキームを構築したらいいのか、ビジネス展開をしていったらいいのか、次々とアイデアが出てくるセンスをいいます。

アベレージの営業パーソンは、言われたことを着実にこなしていくタイプ、指示待ち族ともいえます。

時々感度の良い営業パーソンと会うことがあります。そんなとき、相通じるモノがあって、嬉しい感覚に襲われます。

それでは感度はどのように磨いたらいいのでしょうか。日々、いろいろなことに関心を持ち、知識レベルも高めておくことです。この繰り返しといえます。

その蓄積の効果が感度良さとなって現れてきます。

読者の皆さんも私の例にならって、あなたと会社のPRを簡潔に説明できるようにするといいです。

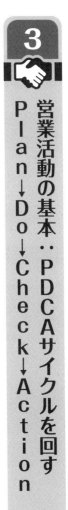

3 営業活動の基本：PDCAサイクルを回す
Plan→Do→Check→Action

ＰＤＣＡは営業活動の基本、Ｐｌａｎ→Ｄｏ→Ｃｈｅｃｋ→Ａｃｔｉｏｎの略です。ご存じの方が多いと思います。

各企業では、毎年利益計画を作ります。そのベースとなるのが、各営業パーソンから出される営業活動計画です。会社によっては、トップから年間の数字を与え、ノルマとして課しているところもあります。

ＰＤＣＡサイクルを回すという用語を使っていない企業でも、毎期売上高と粗利益を各営業パーソンに課して、目標管理をしている企業が多いと思います。

中小企業の経営者のなかにはそれさえやっていない人もいるかもしれません。しかし、本書のテーマは、『あなたの営業力、伝える力10倍アップの極意』です。したがって、あなたの営業力が10倍になるノウハウを、本書を通じて提供しています。そのノウハウを実戦していくうちに、知らないうちに営業力が10倍となっているはずです。

私も三井物産在職中は、利益計画を立て、その目標達成のために、毎月予実対比というかたちで上司に報告していました。予実対比とは、期首に利益計画を立て、毎月期首の計画と比べ、実績がどの程度達成しているかを報告していました。PDCAサイクルという用語はありませんでしたが、実質PDCAサイクルを回していました。それではそれを具体的に説明します。

①Plan：計画を立てる

営業パーソンの頃は、売上高と粗利益の計画を求められていました。管理職になると、これに諸経費、そして営業利益まで求められました。

②Do　実行する

計画にしたがい、日々営業活動をしていきます。顧客訪問すると営業日報を書きました。

週報になりますと、1週間のあなたの営業活動をチェックします。

まず、１週間の営業概要を書きます。今週１週間どうだったのか振り返るわけです。

次に今週の重要項目、これは、先週の重点活動項目を受けてどのように動いたかを書くわけです。

それから、受注実績、見込み客、あとは、受注確度をランク付けするなども必要です、その他特記事項、そして翌週の重点活動項目。

これを書くときに私はＥｘｃｅｌを利用しています。Ｅｘｃｅｌは、日付や項目の管理がしやすく、コピーペーストなど便利な機能がたくさんあるので、週報の作成にはＥｘｃｅｌをおすすめします。これもＰｌａｎ→Ｄｏ→Ｃｈｅｃｋ→Ａｃｔｉｏｎということになります。これを回していくときにフォローアップをどうしていくか、ということが問題になります。フォローアップのときに役に立つのが日報です。

過去の日報を見ると、キーポイントのメモなどを見返すことにより、お客様の要望や課題が改めて分かることも多いのです。ですから当然、お客様にフォローアップの電話をするときには、その課題をクリアしてから連絡を取る必要

週　報
1. 今週概要
2. 重点活動内容
3. 受注有望先（受注先も含む）
4. 訪問先
5. その他営業活動内容
6. 翌週の重点活動内容

があります。

実はここで、優秀な営業パーソンとそうでない営業パーソンの違いが出てきます。

なかなか成績が上がらない営業パーソンというのはこのフォローアップができないのです。

お客様のところへ行ったきりアクションを起こさない、とか、ひどい営業パーソンになると、お客様から与えられた課題を解決しないまま放っておいて、お客様から催促されて初めて気づくというような人もいます。

以上が週報です。

月　報	
1. 今月概要	
2. 重点活動内容	
3. 受注実績	金額：　　　百万円／粗利益：　　　百万円
4. 期首計画との比較	
5. その他営業活動内容	
6. 翌月の重点活動内容	

週報を繰り返していって、次に月報になるのですが、基本的には週報と同じです。何が違うかといえば月報は月単位でまとめる、月次決算の考え方が入ってきます。つまり、1ヶ月の動きを数字で見て、予実対比をっしっかり見ることが、月報で重要なことになるわけです。

具体的には、1ヶ月の営業概要の振り返り、今月の重要項目（先月の重要項目に対してどう動いたか）、3番目が受注実績、この受注実績は当期の受注目標にどの程度近づいたのかを見るわけです。

予実対比を行い、どれくらい違ったか、何が問題だったかを反省します。例えば、計画自体が大きすぎた、というような場合もあります。自分の実力以上の数字を設定してしまったとか、これだけは最低受注しないと利益が出ないので実態以上の数字を挙げてしまったとか。

③Check 予実対比

毎月の実績と累計数字が期首の計画と比べ達成率はどうなっているかをチェックし、上司に報告します。もし、その数字が大きく乖離しているようなら、理由を求められ、計画を修正します。その際、上司は数字の改善のために、どのような手を打ったらいいかを担当者と打ち合わせします。

④Action 見直し

数字の見直しは、おおむね半年ごとに行われます。途中で期首の数字を修正すると、上司の判断を狂わせることになります。

利益計画は、それぞれの商品やサービスごとに異なってきます。数で勝負するような商品は、あまり顧客の顔は見えないかもしれません。逆に、金額が大きい、顧客の顔が見えているものについては、計画と実績が結構ずれてくることがあります。ですから、業種、業態、商売の中身によって、この利益計画というものは異なってくるわけです。ただ、いずれにしても、その期に出した利益計画が実際の成績と違う、これを予実対比といいますが、どうしてそれが違ってくるのか、そこをチェックすることが大事です。

これが習慣化できれば、あなた

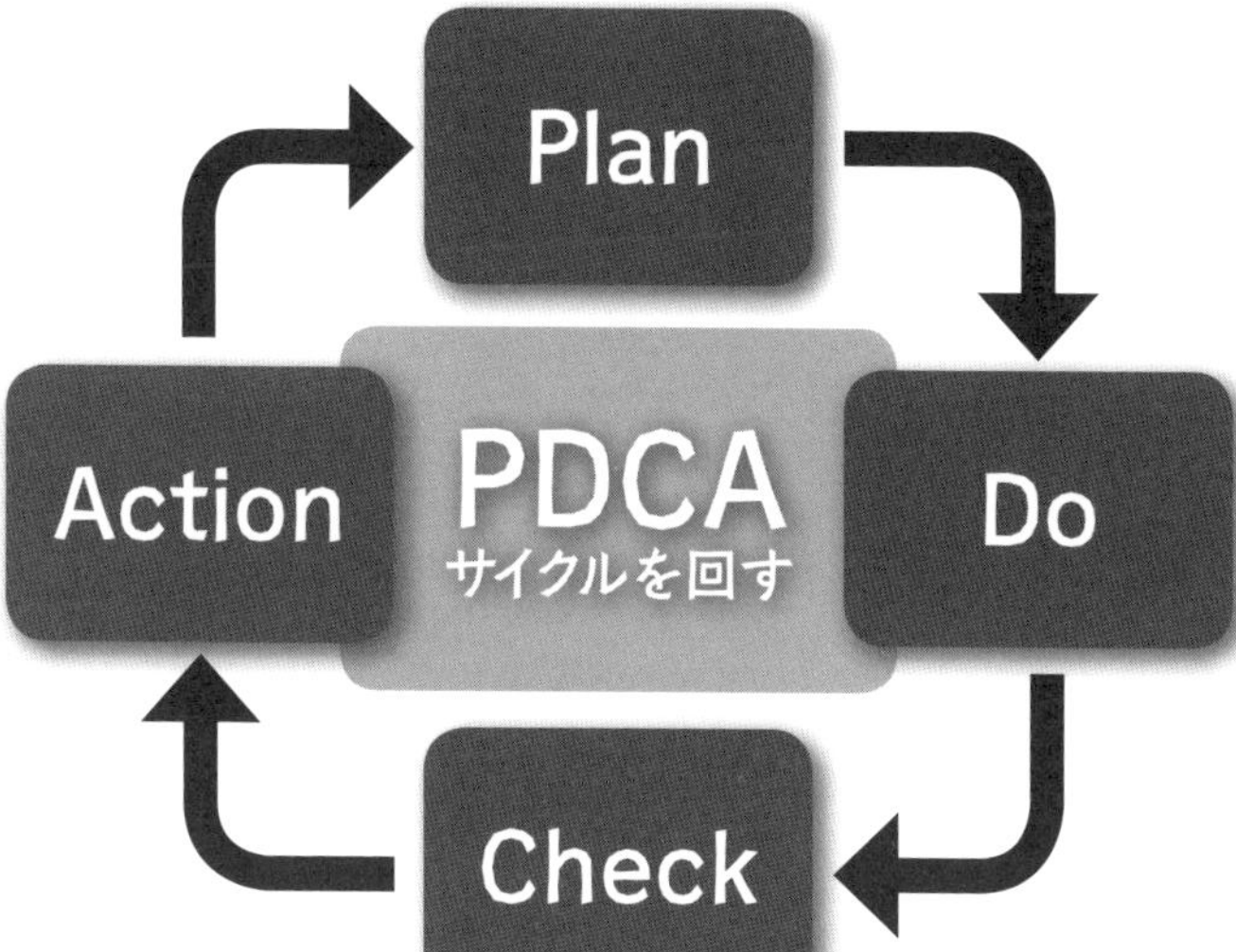

は優秀なセールスパーソンの仲間入りをしたといえることになるでしょう。

以上をおさらいしてみると、前項のようなＰＤＣＡサイクルを回す図となります。この図をいつも頭の中にたたき込み、習慣化することで、あなたはトップセールスパーソンの仲間入りすることができます。

4 信頼残高を築く

《1》信頼残高は仕事を通じて築かれていく

信頼関係の構築は、拙著『あなたの人脈力10倍アップの極意』でも『あなたのコミュニケーション力10倍アップの極意』でも詳しく解説しました。優秀な営業パーソンになるためには、信頼関係を構築しながら信頼残高をたくさん貯めることです。これが一流の営業パーソンの財産となります。

信頼残高の構築は一朝一夕にはできないものです。しかし、仕事を通じて短期間に一気に構築することができます。

ところで、信頼と似た言葉に信用があります。この違いは何でしょうか。

例えば、A氏は大企業の人間とします。この場合、A氏は信用できるといいます。

つまり、大企業の信用という看板を背負っているからです。

一方で、信頼とは次項で説明する信頼残高を構築する各要素を指します。もしA氏が約束を破ったり、無責任だったりしたら信頼できないことになります。

中小企業の社員は、大企業のような看板がないので、信用力では敵いません。しかし、営業で大事なのは、この人に仕事を任せれば、責任をもってやり遂げてくれると思えること。だから信頼できることになります。

《2》信頼残高を構築する基本要素

営業力アップの基本中の基本はこれです。営業力は信頼残高がどれだけあるかにかかってきます。では、信頼残高を築くにはどうしたらよいか。

①誠意、誠実な態度で接する

誠意、誠実な態度で接するとは、相手のことをいつも考えながら行動するということです。相手というのは、あなたの仕事に関係している人全てと思ってください。お客様、取引先、社内関係者などです。

お客様と信頼関係を築く、ということは当然のことですが、これが意外と理解できていない人が多いのです。

例えば、一見の客だからといって、ただ注文を取ればいい、注文を取ったあとはノーケアという人もいます。また、コミュニケーションが悪い人もいます。お客様と報連相（報告・連絡・相談）を励行しないために、お客様と信頼関係が築けないという営業パーソンも結構たくさんいます。

銀行預金することを考えてみてください。いつも貯金する習慣がついている人は、いつの間にか銀行貯金が貯まっています。

信頼残高の構築もこれと同じです。これをいつも心がけている人は、日頃の動作が自然にできます。信頼残高をいつも貯めるよう心がけている人は、いつの間にか信頼残高が貯まっています。そして、いつのまにかあなたの財産となっています。

また、トラブルが起きたときにいかに迅速に、誠意を持って誠実に対応するか。これも信頼関係を築くポイントになります。この誠意・誠実ということに関しては、２番目の、「約束を守る」という項目とも関係しますので、その項目で詳しく述べます。

それから取引先、あなたの会社がチラシなどの販促物をつくる場合、あなたがお客様になりますが、お客様だからといって、偉ぶった態度をしたらどうでしょう。お客様だから仕方ないな、ということで我慢をしますが、心の中では面白くありません。その人は、誠意のある仕事ができなくなるかもしれません。ここは相手が気持ちよく仕事をできるよう、誠意を持ってお願いすることによって、あなたとの信頼関係が生まれれば、いざというときに無理を聞いてくれることもあるでしょうし、あなたの仕事を優先してくれることもあるかもしれません。ですから、取引先を大事にするということも大事なことになります。

また、社内関係者ですが、これも、社内だから当然やってしかるべきだと思う人がいますが、そうではありません。人間は感情の生き物です。心を持っているわけです。ですから、あなたの対応次第でいくらでも変わってしまいます。あなたが、社内だから当然やってしかるべきだという態度で臨めば反発を受けます。また、あなたがその担当者よりも年齢が上だったりすると、上から目線でものを言う人がいます。

②約束を守る

これも、誠意、誠実に繋がります。

最初は、基本動作を確実に実行するということです。

基本動作というのは３つあります。

まず、約束の時間に遅刻しないということです。遅刻をする人は結構います。そういう人は言い訳をします。電車の事故とか、やむを得ない場合もあるでしょうが、そのときは携帯電話等で必ず連絡をすることです。当然、相手先の会社の電話番号、担当者の携帯番号など、事前に調べておくことが必要です。また、時間は余裕を持って行くこと、特に初めて行く場所などは、地図や、路線、所要時間などをＹａｈｏｏ！やＧｏｏｇｌｅで調べておき、普段以上に時間に余裕を持って行くべきです。これが基本動作の１つ目になります。


次に、借りたものは返すということですが、人から借りたものを返さないという人は結構います。本などは最たるもので、貸した本が返ってくることは滅多にありません。この感覚が私には分かりません。私は、借りたものは必ず返すことにしています。気持ちが悪いですから。また、返すときには必ずお礼を言って返します。もし、相手となかなか会えないようであれば郵送します。当然、礼状を添えることを忘れてはいけません。こういうことで相手との信頼関係が増してくるわけです。

最後は、依頼されたことには、きちんと応えるということです。責任という言葉を英語で言うと、Ｒｅｓｐｏｎｓｉｂｉｌｉｔｙとなります。Ｒｅｓｐｏｎｓｉｂｉｌｉｔｙというのは、Ｒｅｓｐｏｎｓｅ、反応する能力ということです。つまり、相手から依頼されたことについては、きちんと応えるということです。これが反応する能力ということになります。

そして報連相の励行です。報連相は有名なので、ご存じの方が多いでしょうが、報告、連絡、相談の略です。報告というのは、お客様とか、上司に対する報告、レポートのことです。これはきちんとタイムリーに行うことが重要です。これがちゃんとできるかどうかにより、お互いのコミュニケーションアップに繋がり、信頼残高を築くことになってきます。

次に連絡ということですが、連絡する相手は主に、社内の関係者とか、取引先です。一言伝えていれば問題なかったのに、その一言を言わなかったことで、大きなトラブルに繋がることが結構多いものです。これをきちんと行うということも大事ですが、普段、日頃から相手のことを考えて、誠意を持って行動していればこういうことは起こりません。例えば、納期が変更になった等ということが起きた場合、あなたの関係者に直ぐに伝えなければトラブルの原因になります。いち早く伝えることが肝心です。通常の連絡はメールで行います。私の場合、相手から連絡メールが来たら、必ず確認メールを返しています。ところがこれが励行できない人が結構います。自分が受け取ったことを確認しておかないと、後々のトラブルに繋がりかねません。

次は相談。これはあなたが分からないことを、社内の関係部署とか、あるいは取引先、コンサルタント等に相談して解決しておけば、お客様には見えないところであなたの能力が発揮されたことになり、あなたへの信頼残高がより深まることに繋がります。

③期限を守る

これも重要なことですが、期限を守らない人も結構います。しかも、守らないで放っておく人も結構います。こういうことをすれば信頼残高はかなり減ってくるわけです。要は、あの人に頼んだらやってくれない、ということになるのです。

それから、期限を言われなくても迅速な行動をするということも大事です。また、期限を守るということについては、お客様からの納品の期日について、多少はプラスアルファで余裕を持つことも必要です。何かトラブルが起きる可能性もあるわけですし、あなた自身が、他の案件をたくさん抱えて忙しいということもあるかもしれません。同時並行的にいろんなことが起きる可能性があります。

ですから、期限についてはゆとりを持ったスケジュールで行うことも大事なことです。

もし、そのお客様が重要顧客で、それでは間に合わないからもっと早くして欲しいと言われれば仕方がありません。今度はそのお客様を中心に他の全てのスケジュールを組み直していきます。

優先度の低いものは後回しにしていきます。これをすることによって、お客様の信頼残高が増えていきます。

④契約通り実行する

これは当たり前のことですが、実行しない人もいます。

中小企業の経営者の場合、契約書などあってなきがごとし、というような人もいます。

中小企業の場合、基本的には信頼関係で動いているというようなケースが多いので、信頼が崩れたらもう契約がないと思っていいかもしれません。

その意味でも信頼関係を築いていくことは大事です。

⑤借りたお金は返す

これも常識ですが、結構返さない人は多いです。返さなければその人との人間関係はそこで終わります。そしてそういう噂は拡がってくるものです。「彼はどうもあちこちで借りまくっているようだ。しかも踏み倒しているらしい」というような悪い評判が伝わってきます。

⑥責任感

責任感というものが何かといえば、言行一致です。言ったことと行いが一致しているということです。これと逆のことをやれば、あなたの信頼残高はどんどん失われていきます。

昔の私の上司の話ですが、言っていることは素晴らしいのですが、やっていることが全然違う人がいました。私はどうしてもその人とはうまくやっていけないので、その人の元を去ることにしました。

言行一致でいえることは、ある人が権力者でトップであっても、下の人間はちゃんと見ているということです。

会社でいえば、その人が上司でいる間は一応従っていますが、部署を異動してしまえばそれで終わりです。表面的にしか付き合わなくなるということです。

また、中小企業同士の関係では、言行一致をしない人というのは信用されません。その人にものを頼むことはしなくなりますし、その人の言っていることは、話半分にしか聞いてもらえなくなります。

私が知っているある経営者のことになりますが、その人が話していることはほとんどが作り話です。ですからその人の言っていることは全く信用できません。事業計画も全く実体が伴わず、絵に描いた餅のような計画をつくり、吹聴して、お金を集めている経営者もいます。そのような人を信用してお金を出す人もたまにはいますが、最終的にはその経営者のような人は自滅していくと思います。ですから私はそのような人とは絶対に付き合いません。

　日本の場合、不言実行という言葉があり、ものを言わず、ひたすら行うことが美徳のような価値観があります。

私は、有言実行というタイプです。自分で言葉にして発してしまうと責任が伴います。自分にプレッシャーをかけることになります。ビジネスでは、有言実行のほうが、「この人は口に出したことは実行する人なのだ」ということになり、信頼関係を築く基になるかと思います。

そして、最後は誠実さです。誠実さというのは英語で言うと、Ｉｎｔｅｇｒ

ｉｔｙとなります。Ｉｎｔｅｇｒｉｔｙの別の意味は、首尾一貫しているということです。

つまり、言行一致、言ってることと、やってることが首尾一貫しているから信頼できる、それが誠実さに繋がるわけです。

そして締めくくりです。信頼残高を貯めるには時間がかかりますが、引き出すのはあっという間です。

本項で、約束を破ると一気に信頼残高がなくなるということについて触れましたが、ここを肝に銘じてください。

営業力10倍アップというのが本書のテーマですが、信頼残高のない人は、営業力もないということです。

ですから、信頼残高をいかに増やすかが営業力アップの極意です。信頼残高を10倍に増やせば営業力も10倍アップするということになります。

以上、信頼残高を構築する基本要素を詳しく述べてきましたが、私の実例を見ながら信頼残高の構築方法を営業パーソンとして考えてみたらいかがでしょうか。

《3》Win-Winの関係

ビジネスの取引では次のような４つの関係があります。

①Win-Loseの関係

これは自社だけ儲かり、相手が利益をなかなか取れない。薄利の場合を指します。競合関係の多い業界、業種の場合、これに当てはまります。中小企業は、顧客から相見積もりを取らされ、薄利で対応しているケースが多いです。

②Lose-Winの関係

これは特許を持っていたり、業界で寡占状態にある売り手優位の市場です。新総理になった菅首相は、官房長官の時代から携帯電話業界は寡占状態が続いており、料金が高止まりしているので、それに風穴を開けるようたびたび発言しているのでご存じの人も多いと思います。

Coffee Break

―　徹底的にしごかれた営業新人時代　―

私は三井物産に入社4年目に国内の営業部門鉄鋼建材部に異動しました。当時の直属の上司は土井貞夫さんで、業界ナンバーワンの営業パーソンでした。その土井さんから3年間徹底的に厳しく指導を受けました。

土井さんから「営業の基本は、まず相手に儲けさせること。こちらの利益は後からついてくる」と常々語っていました。私の営業の原点は土井さんにあります。それが今でも脈々と受け継がれています。まず相手が儲かる仕組みを作ること。その結果、相手との人間関係、信頼関係が築かれ、それが自分に跳ね返ってくる。短期の利益ではなく、人間関係を作りながら、長期にわたる利益を追求すること。土井さんは、一流の営業パーソンだっただけでなく、周りから慕われていました。惜しむらくは、健康に無関心で、食事より酒が好きで、

53歳のときに肝硬変で他界しました。

土井さんの厳しい指導のお陰で、営業のことを全く分からなかった私は、営業の基礎をたたき込まれ、それが現在の私の営業力の源泉となっています。そんな土井さんには今でも感謝しています。

③Lose-Loseの関係

業界全体が縮小していると、利益が取りづらくなります。町のお店などがこれに該当します。その結果、日本のあちこちの商店街がシャッター通りと揶揄されています。

④Win-Winの関係

これは自分も良し、相手も良しの関係です。その結果、良い関係となり、長期間のお付き合いとなります。

私のところには頻繁に販路開拓の話が持ち込まれます。そのときの紹介手数料は、相手に任せています。これはＷｉｎ-Ｗｉｎの関係を重視しているからです。しかし、こちらの紹介手数料があまりにも少ない場合、Ｌｏｓｅ－Ｗｉｎの関係となるので、長続きしません。

私の顧問先で、受注後に突然私に相談もなく紹介手数料を半分に値下げしてきた経営者がいました。新規開拓の場合、紹介先が全て採用することなど基本的にはありません。その間の諸経費がかかることをどうも忘れているようです。

この突然の行為は、せっかく築いた信頼関係を壊す行為だったので、以後販路開拓は中止しました。

Coffee Break

―一流の営業パーソンの財産の源は日頃の努力精進から―

土井貞夫さんの上司に梁瀬健二朗課長（故人）がいました。梁瀬さんは土井さんとはまったく違うタイプの営業パーソンで努力家でした。梁瀬さんは若い頃、新日鉄製のシートパイル（鋼矢板）のカタログをリュックに背負って、どぶ板営業をやっていたことが伝説として伝わっています。この２人のナンバーワン営業パーソンの厳しい指導のお陰で今日の私があると思っています。

5 習慣化の原理原則

《1》習慣化を通じて仕事能力をアップさせる

あなたが行っている仕事を習慣化できるかどうかにより、仕事の能力が大きく変わってきます。

『7つの習慣』という大ベストセラー書がありますが、そのなかで、7つの事柄を習慣化できるようになれば成功できると書いてあり、習慣化の原理原則が記されています。

習慣化の原理とは何か？

私の体験から得られたことが2つあります。

物事の習慣化というのは、日常の習慣を通じて行うことが原理だということです。

例えば、歯を磨くという行為。これは、結構面倒な作業ですが、これをすることによって虫歯を防ぐことができるわけです。ですから､日常､あなたが習慣として行っている行為には、必ず何か必然性があるわけです。理由もなく行っていることは原則ないのです。

人間というものは、プレッシャーがなくなると、イージーなほうへ流れていきます。イージーなこと、悪い習慣というものは簡単に付いてしまいます。

例えば、朝早く6時に起きる習慣を付けたとします。しかし、定年退職をして、もう早く起きる必要がない、ということになると、何時に起きても自由です。悪い習慣は簡単に付きます。必然性がないからです。

会社に行くということは、プレッシャーになります。遅刻はできませんので、早い電車に間に合うように早めに起きなければなりません。勿論、ただ起きるだけでなく、朝食をとり、身だしなみを整える時間の余裕もみる必要があります。

このこと1つとってみても、人間にはプレッシャーが必要だということが分かります。

《2》物事の習慣化は仕事を通じて行う

トップセールスパーソンの基本動作として「ＰＤＣＡサイクルを回す」ことが重要と述べました。

ＰＤＣＡサイクルの構成要素に日報、週報、月報があり、これらの報告のなかに受注有望先と受注先がどんどん出てくることになります。

そして、期首利益計画との関連で予実対比が出てきて、期首利益計画がだんだん精度の高いものになってきます。

トップセールスパーソンになればなるほど、一連の流れが習慣化されます。

トップセールスパーソンの場合、営業に必要な各種能力、仕事能力をどんどん習慣化し、取り入れていきます。この長年の蓄積が、アベレージの営業パーソンとの大きな差となってきます。

トップセールスパーソンの場合、仕事の習慣化、物事の習慣化は、仕事を通じて実施することが一番効率が良いことを知っています。

そして、一連の仕事はお互いに関連性を持ち、相乗効果を発揮し、スパイラル的に向上していくこととなります。

営業パーソンは、お客様の納期に間に合わせるためには、結構いろいろやることがあります。お客様から代金をいただく、もしあなたが独立すれば、お客様からの収入が、あなたの生活費、活動費の源泉になるわけです。ですからお客様の希望の納期に間に合わせるということが重要になってくるわけです。そのためにあなたは、あなたの持つ能力を総動員して納期に間に合うようにしなければなりません。これがだんだん、ノウハウになり、あなたの付加価値になっていくのです。人間は同じことをずっとやっているとノウハウができます。これが習慣化したということになります。

習慣化ということに関しては、仕事でなければ面倒なのでやらないというようなこともたくさんあります。例えばメールなどは、私も毎日書いていますが、これは仕事だから、必要に迫られて書いている人も多いのではないでしょうか。

私の場合はパソコンのキーボードをブラインドタッチで押すことができるので、ストレスを感じません。ところが携帯メールの場合は、パソコンメールと比べて時間がかかるので、ショートメールに絞っています。やはり、メールを書く、つまり、キーボードをたたくという行為を普段からやっていないと習慣化できません。

メール以外にもいろんな仕事がありますが、いずれも人より早く、上手になるためには、いかに習慣化して行うかが重要ということになります。習慣が本当に身につくとあなたの実力になります。何十年も前にやったことでも習慣化して身についていると、時間が経ってもできるということがあります。

以上をまとめると、仕事や必然性を通じ習慣化できていること自体をあなた自身列挙してみてください。その数が多ければ多いほどあなたは優秀な営業パーソンといえます。

《3》仕事を重要度と緊急度に応じて4象限に分類する

仕事でも会社や上司から強制されないことは自ら進んでやろうとしません。しかし、そのなかには重要なことが多数あります。その習慣化によってあなたの営業力が大きく変わっていきます。

仕事には重要度と緊急度というベクトルで、次頁のように４つの象限があります。

このなかで重要かつ緊急案件。
例えば、顧客からのクレーム。これは最優先で対応する。これは誰でも分かります。次に重要でないが緊急事項。これは上司からの指示命令。あなたにとっては重要でないが、上司にとって緊急のものです。

重要でなく緊急でないには、どういうものがあるでしょうか。ｗｉｔｈコロナ時代。テレワーク全盛の時代です。テレワークをしてみて、分かったこと。上司からの直接監視がないので、自分に甘くなりがちな社員は、仕事に関係のないゲームをやっていたり、イン

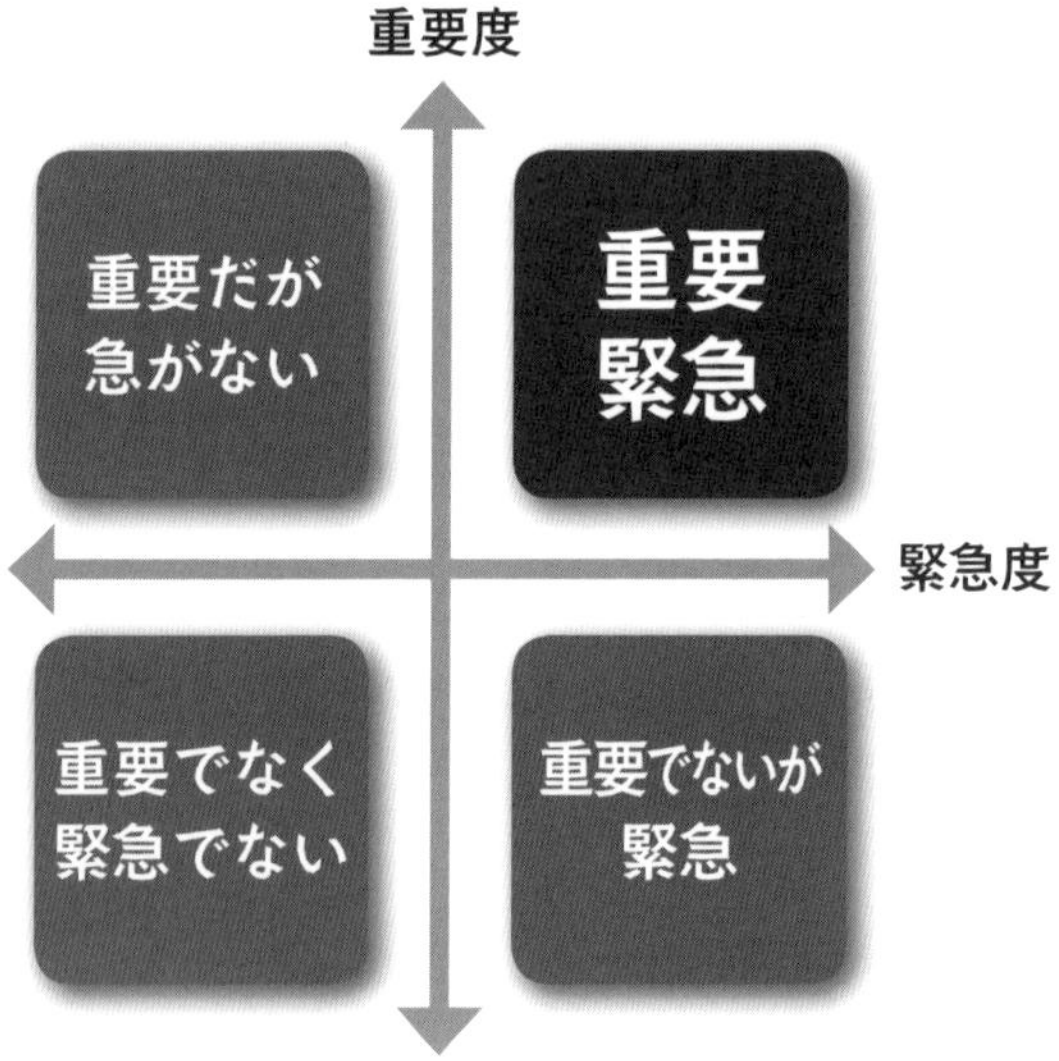

ターネット検索していたりしていることが分かりました。

さて、最後の重要だが緊急でないこととは何でしょうか。

これは自分の能力、スキルアップのために投資する時間とお金です。

私が三井物産を退職したのは１９９７年5月でした。その頃インターネットが普及し始めた頃です。また、個人でもパソコンが必須となりつつある時代でした。

そこで私は40万円するＮＥＣのノートパソコンＶａｌｕｅＳｔａｒを購入しました。そして、40万円支払ってパソコンスクールに通いました。

それ以来、私は毎日パソコンを使い、インターネットを利用する習慣がつき、私の武器となっています。

もしあのとき、私がインターネットとパソコンの勉強をしていなかったなら、私はＩＴデバイドされたシニアとなり、私の営業力は、かなり落ちていたことと思います。

《4》刃(やいば)を研ぐ

「刃を研ぐ」とは『7つの習慣』の最後7つ目の習慣です。私はこの原理に従い、現在71歳ですが、生涯現役人生を送り、まだまだフルタイムで仕事をしています。

年間4冊のペースで出版しています。

私はスーパージェネラリストの道を歩んでいます。そのために、コミュニケーション力、人脈力、営業力、人間力、英語力、仕事力、プレゼン力、健康力等各種能力を日々ブラッシュアップしています。その結果を書籍化しています。

例えば、英語力です。せっかくカナダ駐在員時代に英語を話せるようになりました。しかし、あれから36年以上経過しています。

もし、せっかく話せていた英語を使わないで放っておけば、さび付いて使えなくなってしまいます。

刃を研ぐ一例として、私の場合、朝起きたら、録画しておいたNHKの英会話を見て英語力をブラッシュアップします。このときにビデオを見ながら同時に、筋力トレーニング、ストレッチなど併行して行います。これによって、英会話の能力が落ちないように維持します。実際の仕事から離れてしまうと、その能力は落ちてしまいます。特に英会話とか、キーボードのような、日常あまり使わないものについては、現場から離れると使うことが億劫になります。ですから逆に、億劫にならないよう、常日頃から刃を研いでおく、能力がさびないようにしておくこと。これが７つの習慣の７番目の習慣になります。

SALES FORCE

第4章

MLMで成功する伝える力を身につける

『生涯現役社会が日本を救う！』の第3章では最強のビジネス・モデルを書きました。

そこで、読者から、その具体編を書いて欲しいとのリクエストがありましたので、本書に1章追加しました。本章は、かなり具体的な実務レベルの内容なので、MLMに従事する人には大変参考になると思います。

MLMというビジネス・モデルは、基本的には個人から個人へそのMLMの素晴らしさを伝えていく仕事です。したがって、一流の営業パーソンが必ずしも成功するとは限りません。

MLMで成功する秘訣は、個人の力、1馬力で仲間を増やしていく仕事ではなく、皆で力を合わせながら、相互協力の下に伝えるビジネス・モデルなのです。

したがって、本章では営業力という言葉の代わりに「伝える力」としました。これに伴い、本書のタイトルも当初『あなたの営業力10倍アップの極意』でしたが、途中から『あなたの営業力、伝える力10倍アップの極意』に変更しました。

1 現在の社会情勢を概観し、日本の将来像をイメージする

昨年、金融庁は人生１００年時代、国民の年金は平均２０００万円不足すると発表し、国民に大きな不安を投げかけています。

政府が発表するまでもなく、少子高齢社会、しかも人口が毎年減少している社会です。今後、高齢者の数は増え続け、年金の財源は枯渇していきます。当然、そのしわ寄せは若い世代にのしかかります。

さらには今年２月に中国武漢発コロナウィルスショックが発生しました。今後は、コロナウィルスと共生して生きていくｗｉｔｈコロナの時代となります。そして、企業の半数は淘汰され、倒産していく時代といわれています。そんな激変する時代が到来しました。

本書のタイトルは、『あなたの営業力、伝える力10倍アップの極意』です。しかし、個人の力だけではどうしようもない時代となりました。

元気で働ける期間はいいです。しかし、定年退職後には、年金だけで暮らしていける時代は終わりました。定年退職後にも働かざるを得なくなる時代となりました。しかし、それも70歳が限度です。それ以降は、たとえ元気でも、就職口が激減し、自分の希望する職業に就ける人はごくごく一部の人に限られます。

人生100年時代といっても、心身共に元気で、経済的に豊かでなければ悲惨な人生100年時代となります。仮に経済的に豊かであったとしても、寝たきり痴呆老人では、社会に迷惑をかけます。

そのためのキーワードが、「生涯現役人生を送る」ということです。それを拙著『生涯現役社会が日本を救う！』で書きました。

したがって、これからますますダブルワークが必要な時代となりました。その意味で、MLMの存在がますますクローズアップされていきます。

一方、安倍晋三首相が持病の潰瘍性大腸炎の悪化により、総裁任期を全うする前に退陣を余儀なくされました。後任には安倍内閣を7年8ヶ月にわたり支えてきた菅義偉官房長官が新首相となりました。しかし、菅新首相も社会保障制度を維持するために、消費増税やむなしとの立場です。

よって、平成時代30年間消費増税のため、すっとデフレ時代でしたが、今後もその傾向は変わらないと思います。

すなわち、国民の立場から見れば消費増税分だけ物価が上がる。社会保険料としての健康保険、年金、介護保険は増加傾向となります。デフレの時代には基本的には給料は上がりません。

よって、国民の立場から見れば、可処分所得はますます減っていきます。

消費増税→可処分所得の減少というデフレスパイラルは今後も続いていきます。

国民の最大のニーズは、第２の年金の確保と生活費の節約です。

『生涯現役社会が日本を救う！』では、その国民の最大のニーズを取り入れたＭＬＭなら、最強のビジネス・モデルとして今後は大きく成長していくことを述べました。

同書ではマクロ的な説明でした。本書では具体的な成功する方法を述べてみたいと思います。

その前に、日本国民はいまだに大企業神話から抜け出せないようです。大企業なら盲目的に信用してしまう国民風土があるようです。

例えば、かんぽ生命。民営化後にはノルマ制度が導入されました。しかも、過酷なノルマです。このノルマを達成するために、かんぽ生命の信用の看板を悪用して高齢者を中心に詐欺まがいの商法を展開し、大きな社会問題となりました。高齢者には基本的には生命保険は必要ないのだという基本さえ理解していれば、高齢者に生命保険をすすめること自体が経営者として間違っています。

病気になったら、70歳以上は治療費の2割負担、75歳以上は1割負担です。したがって、高齢者としては、いざ入院したときの差額ベッド代100万円程度＋葬式代100～200万円＝200～300万円程度蓄えていれば、それでOKなはずです。その蓄えがないなら、毎月少しずつ預貯金していけば、家族に迷惑をかけないで済みます。

次に、定年退職してからアパート経営を金融機関がすすめています。

スルガ銀行が預金通帳を改ざんしてまで過剰融資した事件が発覚しました。これも過酷なノルマとして国民は被害に遭いました。

東証一部上場企業のレオパレスは、違反建築で社会問題を起こしました。

一方、フランチャイズビジネスも、基本的には競合の激しい血みどろの争いを展開するレッドオーシャン市場と書きました。コンビニはその最たるＦＣです。１０００～２０００万円の初期投資をつぎ込んでも、年金の確保は厳しいです。しかも、高齢者となったらそのハードワークに身体がついていけません。子供も親の後ろ姿を見ているので、跡継ぎを渋ることでしょう。

もうこの辺で大企業神話は止めましょう！

その意味で、ＭＬＭは元手があまりかからないビジネス・モデルとして、一般庶民には一番おすすめのビジネス・モデルといえます。

ただし、『生涯現役社会が日本を救う！』で記述したように、良いＭＬＭと悪いＭＬＭがあるので、それを見抜く知恵が求められます。本人がそれを見抜くのが難しいようでしたら、経験豊富な経営コンサルタントに相談するのもいいと思います。

ここでＭＬＭもＦＣと極めて似たビジネス・モデルといえるので、次項簡単に説明したいと思います。

①ＭＬＭ主宰企業は、全会員との直接契約です。

②商品の仕入れも原則各会員はＭＬＭ主宰企業から直接仕入れます。主宰企業と会員間の決済も直接行います。主宰企業コミッションの支払いも、主宰企業から各会員に直接支払います。

③会員規約があり、その規約に拘束されます。

④会員は主宰企業の看板でビジネスを進め、主宰企業の名刺を持ってビジネス活動をします。

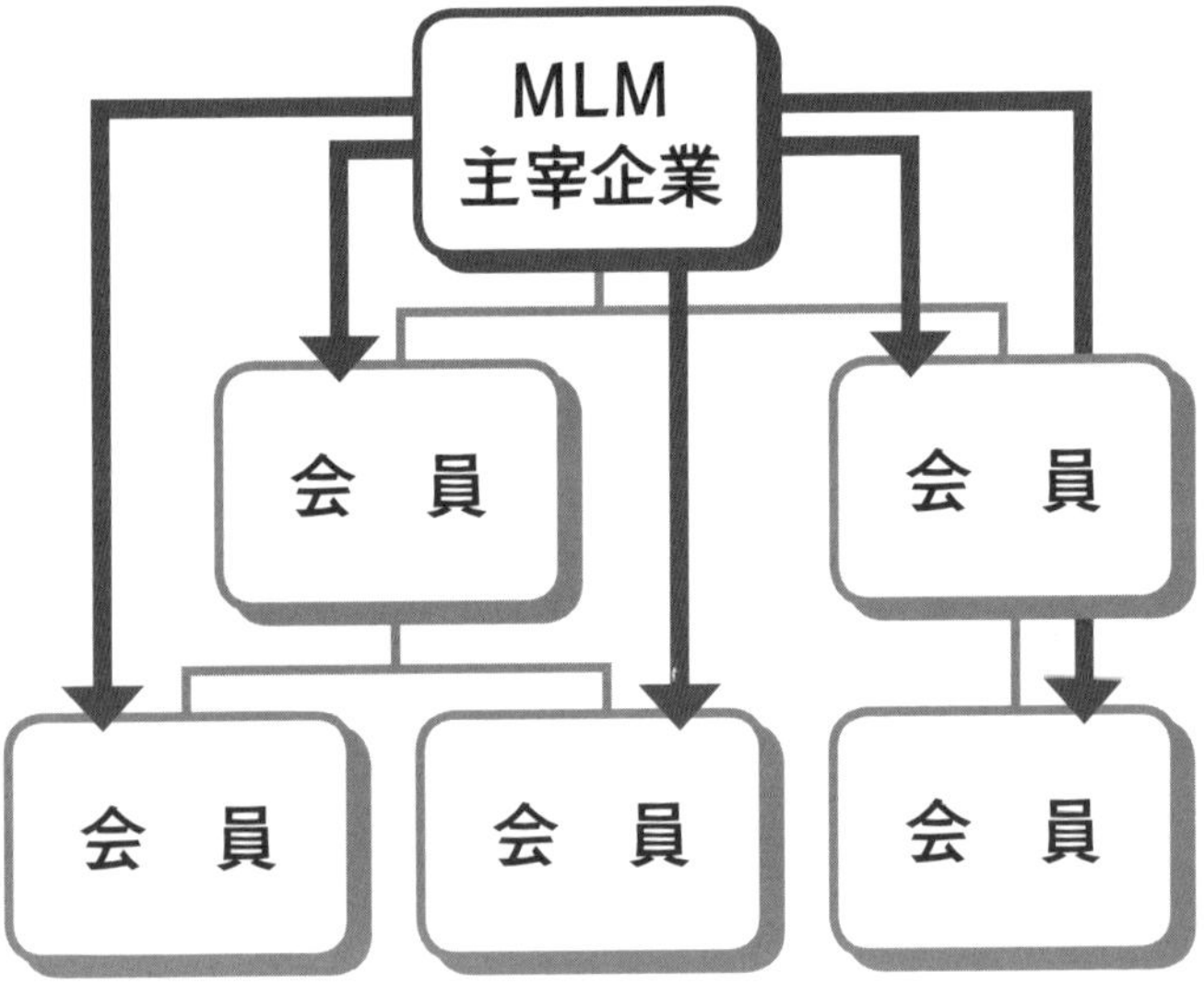

右記の通り、ＦＣとＭＬＭのビジネス・モデルは極めて似ています。

唯一の相違点は、ＭＬＭは原則無店舗販売ということです。さらには店舗運営のためのアルバイトの人件費がかかります。無店舗ということは、開業時の加盟金、保証金、前家賃、内装費、在庫費用、人件費、光熱費等がかかりません。その意味では、ＭＬＭはＦＣと比べ、極めてリスクの低いビジネス・モデルです。

それなのに、ＦＣが花盛りなのは、大企業がやっているという安心感からなのでしょうか。

通常、ＦＣ本部の営業パーソンは、ＦＣ加盟希望者に、事前に予想日販（１日の売上高）、月販（月間売上高）のシミュレーションを説明します。しかし、お店をオープンしてから、シミュレーションの数字と比べ実績が下回るケースが多数存在します。そのとき、大企業だから信用したのにといって、不平不満を言うＦＣオーナーがいます。しかし、ＦＣの市場は、基本的にはレッドオーシャン市場という競合が激しい市場です。経営コンサルタントの私としてはあまりおすすめできないビジネス・モデルといえます。

その点、ＭＬＭは初期投資が少なくリスクが低いビジネス・モデルといえます。

2 良いMLMの見分け方

《1》全ては経営者の念い、経営理念から始まる

どのMLMの主催企業のトップも、社会貢献を含めた素晴らしい経営理念を掲げています。

しかし、掲げた経営理念と実際の行動が異なることもよくあることです。

例えば、商品系のMLMでは過剰在庫を持つことを禁止しています。しかし現実には、各ディストリビューター会員は、資格維持のために不要不急の商品を購入し、それを自分の傘下の会員にもすすめています。この連鎖で成り立っているMLMも多数あります。それは決して強制的ではありません。しかし、人間関係を重視する日本人社会では、紹介者からの要請に断り切れず、在庫を抱え込むことはよくあるケースです。

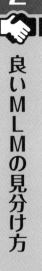

結局、在庫資金の負担に耐えきれず、辞めていくディストリビューターが後を絶ちません。これがＭＬＭの評判が悪い最大の理由の１つとなっています。

一方、浄水器等初期投資が数十万円もするＭＬＭの場合、当然リピート需要はありません。したがって、一時的に多額の収入を取れることはあります。しかし、これはごく一部の人であり、大半の会員は収入が取れず、不平不満を持ったまま辞めていきます。これがＭＬＭの評判の悪い２つ目の理由です。

したがって、ＭＬＭの主宰企業から受け取る報酬が、継続的権利収入となっているか。それが年金代わりとなって死ぬまでいただけるのかどうかが最重要事項となります。相続までできる規則になっているならさらに良いといえます。年金より優れているビジネス・モデルといえます。

そういう報酬プランなら中小企業の経営者にとっても朗報です。会社の立場から見れば、乱気流の時代において、会社の将来の収益源を確保することができるからです。

また、従業員に対しては、福利厚生制度を充実することができるからです。もし、従業員も一緒にＭＬＭをやることになれば、第２の年金も確保することができます。

中小企業に勤務していると、満足のいく年金制度は厳しいのでこの種のＭＬＭなら従業員も一緒にやるメリットとなります。

さて、ここで『金持ち父さん貧乏父さん』の著者ロバート・キヨサキは、ドナルド・トランプとの共著『あなたに金持ちになってほしい』のなか（ｐ３６８）で、「きちんとしたトレーニング・プログラムを探してみよう。私がネットワークビジネスを始めるとしたら、扱っている商品や報酬システムより、むしろその会社が用意している教育プログラム、個人的なスキルの開発プログラムに注目する」と書いています。まさにその通りと思います。

さて、継続的権利収入を得るにはどういうＭＬＭなら可能でしょうか。

ほとんどのＭＬＭはＦＣと同じくレッドオーシャン市場です。サプリメント、スキンケア、浄水器、水素水、補整下着等競合が多数存在します。そして、限られた市場の中でパイの取り合いをしています。

したがって、各ＭＬＭ企業は、ビジネス開始後数年は右肩上がりで伸びていきます。しかし、５年ほどでピークアウトし、その後は下降直線を描いていきます。したがって、安定した継続的権利収入はあまり期待できません。

また、多くのＭＬＭ企業は、小資本でスタートできます。これは営業パーソンの経費は全てフルコミッションでまかなえるからです。営業経費を変動費化することができるので１０００万円程度の小資本でもスタートしているＭＬＭ企業は多数あります。

右肩上がりで売上が伸びている成長曲線を描いている時期はかまいません。しかし、成長が止まり、売上がピークアウトし損益分岐点を下回ると、資金ショートを来たし、倒産するＭＬＭ企業も多数存在します。会員側からすれば、せっかく築いた組織が全て水の泡となってしまいます。したがって、そのＭＬＭ企業が経営的に安定しているかどうかも極めて重要です。

また、外資企業の日本支社の場合、実績が上がらなければ、撤退ということも充分考えられます。特に、米国の実績をＰＲして、だから日本でも成功すると喧伝する外資企業は要注意です。米国で成功したビジネス・モデルが日本でも成功するとは限りません。

一方、悪いＭＬＭでは磁気治療器のジャパンライフが平成18年から粉飾決算をして、事実上の詐欺商法と分かり、警察の捜査対象となり、犯罪事件へと発展しています。これをもってしてＭＬＭ＝悪徳マルチと勘違いする人も増えているようです。

しかし、先ほども述べたように、天下のかんぽ生命すら詐欺まがい商法をしていることが分かりました。大企業だから安心できるというわけではありません。どの業界にも悪徳企業は存在するわけです。触らぬ神に祟りなしではなく、コロナ禍で激変する社会情勢のなかで、いかに自分の将来を真剣に考えるか、そのなかでどのＭＬＭが良いＭＬＭなのかを見抜く鑑識眼も必要となります。その意味で、私のような人生経験豊富な経営コンサルタントがチェックして、大丈夫と太鼓判を押せるＭＬＭなら安心してできると思います。私の役割もそこにあると思っています。

《2》その経営理念が報酬プランに適正に反映されているか

①平等、公平な報酬プランか

さて、いくら崇高な経営理念を掲げていても、報酬プランがその通りになっていなければ公平とはいえません。

商品系のＭＬＭの場合、建前上は後から参加したディストリビューターが、先にやっているアップラインのディストリビューターの収入を抜けると説明があります。しかし、現実的にはかなり厳しいといえます。

したがって、誰でも平等に参加できるように門戸を開放し、報酬はがんばった人ががんばっただけもらえるような仕組みが望ましいといえます。

②相互協力体制ができる仕組み

報酬プランには、バイナリー、ユニレベル、ブレイクアウェイ、その組合せ等ありますが、できるだけシンプルな報酬プラン、誰でも簡単に理解できるような報酬プランが好ましいです。

その意味で、相互協力体制が発揮できるバイナリープランがおすすめといえます。なぜならバイナリープランの場合、左右に分岐する仕組みで、力が２等分するだけなので、相互協力体制がより発揮できる仕組みだからです。

報酬プランのなかにはロールアップ制度を取り入れているＭＬＭがあります。しかし、これは弱者切り捨ての仕組みなので私はあまり賛成できません。

通常、ＭＬＭの場合、段数制限があります。自分から数えて５～10段程度で打ち切りにしています。この場合、途中で休眠会員や不活発会員が出てくると、アップラインとしてはその人を排除する方向に動き出します。これでは強固な相互協力体制を発揮することは難しいです。大半の会員はＭＬＭ以外に本業を抱えているわけですから、休眠中の会員が復活できるようなそういう温かい配慮がなされた仕組みが大切です。

3 ＭＬＭで成功する秘訣

《1》サラリーマンの給与報酬と収入の質が異なることを理解する

20年以上前にロバート・キヨサキの『金持ち父さん、貧乏父さん』が大ベストセラー書となりました。同氏の実の父親は、一流大学を卒業して、一流企業に勤めたが結局貧乏父さんで終わった。一方、彼が第2の父さんとして尊敬する金持ち父さんは、大した学歴ではなかったけど収入の質の違いに注目して、金持ち父さんになった。彼の掲げた収入の質の違いは左記４象限に分かれます。

1番目の収入は、労働収入。大企業の社長でも、平社員でも収入の多寡はありますが、退職したら収入がなくなる労働収入です。パートも当然労働収入となります。

2番目の収入も、労働収入です。サラリーマンを辞めて起業して社長になる。しかし、基本的には労働収入となります。しかも、サラリーマンみたいに安定した労働収入ではなく、かなり不安定な労働収入となります。起業して10年後に残る企業の比率は6％ともいわれています。1番目の収入との違いは、指示命令を受けない、組織からの自由という点が1番目とは大きく異なる点です。個人事業主もこちらに入ります。弁護士等の自由業も2番目の収入となります。法務省の政策の失敗により、弁護士数が急増したために、弁護士といえども収入面で安閑としていられない時代となりました。

3番目の収入が権利的な収入となります。不動産からの家賃収入はこれに当たります。しかし、人口減少社会では、これから空室が目立ちます。したがって、銀行員からすすめられたからといって、安易にその話に乗ると、後で痛い思いをするのはあなた自身ですから、うまい投資話には気をつけたほうがいいです。また、FCオーナーも前述の通り、競合が激しいレッドオーシャン市場です。そして、多額の初期投資を必要とするので、デフレの時代にはあまりおすすめできる業態とはいえません。一方、MLMからの収入は、3番目の収入に当たります。ただし、リピート需要が見込めない高額商品のMLMは、たとえ一時的に収入が取れても長続きはしません。継続的な権利収入は期待できないので気をつけてください。したがって、継続的権利収入の道が開けているかどうか、そこが最重要点といえます。目先の収入だけで判断しないことです。

なお、トランプ大統領が不動産王として大活躍していた頃、ロバート・キヨサキとの共著に『あなたに金持ちになってほしい』を２００８年に出版しました。同書でも個人が裕福になるための手段としてＭＬＭを推薦しています。そして、トランプ大統領は、同書で将来大統領になる夢を語っており、その夢が８年後に見事実現しました。

４番目の投資家は、経済的にゆとりがある人が参加し、大きな収入を期待できますが、ハイリスク、ハイリターン商品です。最悪の場合、生活に影響を及ぼさない資産を持っている人におすすめの収入の質といえます。

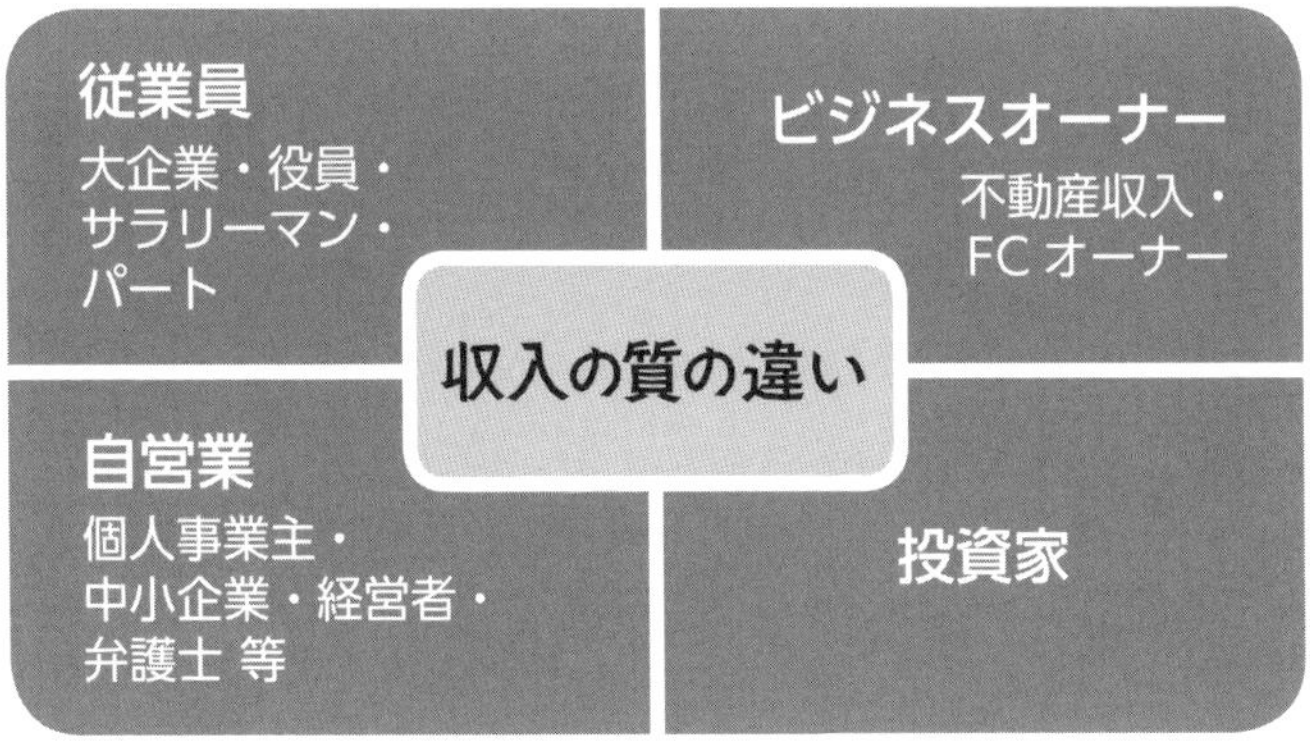

ゼロ金利の時代、老後の資産運用として、金融資産の分散化が必要な時代です。その意味で、金融資産にゆとりがある人が考える収入の質といえます。

《2》会社に対する確信を得る

①報酬プラン

第2項で述べたように、トップ経営者の経営理念が報酬プランにしっかりと反映されているかどうか、これが最重要です。

②経営者の実績

経営者の過去の実績は大事です。たとえ過去に失敗があっても、その失敗を反省し、這い上がる不屈の精神があるかどうかもポイントです。

③経営実態

MLM主宰企業のなかには過小資本のため、資金繰りに窮して倒産する企業も多数あります。したがって、財務内容が健全であるかどうかもチェックポイントです。

④コンプライアンス

特定商取引法では、新規会員募集の事業説明会に、概要書面の交付を義務づけています。しかし、概要書面を出さない企業すらあります。セミナー講師は、概要書面を基に説明します。したがって、概要書面の内容が全てです。もし、それ以外の事実と相違した内容を説明した場合、不実の告知となり、業務停止の対象となります。

《3》自分に対する確信を得る

①会社の経営理念、概要を理解する

前述の会社の理念、概要をしっかりと理解することです。ＭＬＭのビジネス活動は営業活動ではありません。会社の経営理念を伝える仕事です。例えば、年金制度が破綻している現状、「自分たちの生活は自分たちで守る」、これを伝えていく仕事です。

②何のためにやるのか

何のためにMLMをやるのか。その理由を明確にすることがまず大切です。ほとんどの人が第2の年金の確保となります。その必要最低限の収入を確保したら、次に自分の夢を書き出してみます。

多くのサラリーマンは、定年退職後自分の夢を見いだせないまま老後生活を送ることになります。そんな寂しい老後をイメージしても暗くなるだけです。そこで、これまでの人生でできなかったこと、夢を書き出してみます。

時代はモノの消費の時代から、コトの消費の時代に移っています。これが明確になると、モチベーションが上がり、自分に対する確信が持てるようになります。

人生100年時代です。75歳以上を後期高齢者と呼ばれて、何となく邪魔者扱いされるのは嫌ですよね。

それより私が『生涯現役社会が日本を救う！』で提唱したアクティブシニアの呼び方を、

60代　ゴールデンエイジ
70代　プラチナエイジ
80代　エメラルドエイジ
90代　ダイヤモンドエイジ
１００歳以上　プライムダイヤモンドエイジ　と自らも呼び、

夢を実現する人生をイメージしたほうが、楽しくありませんか？

《4》成功の秘訣、極意

①成功者の成功方法を素直に学び、素直に実戦する

成功の秘訣、極意とは、「成功者の成功方法を素直に学び、素直に実戦する」の一言に尽きます。

このなかで、セミナーを聞いて、皆さん素直に頷き納得します。確かに素直

に学んでいます。しかし、聞いただけで、素直に実戦に移す人は少ないようです。なかにはメモもとらずただ「聞いた」だけで、聞きっぱなしの人も多数います。したがって、その後の「素直に実戦する」がとても重要です。

ここで私は、「実践」という言葉を使わずに、「実戦」という言葉を使っています。

実戦するとは、例えば、自分の友人知人に声をかけてみることです。そのとき、断られることもあります。そのときに、なぜうまくいかなかったのか。自問自答します。そして、反省したらアップラインと相談します。そのとき、成功者のやり方を素直に実戦したかどうかをアップラインに相談します。そのときにあなたの間違ったやり方が分かり、その部分を修正し、次回のアポ取りに活かします。

②仕事として本気で取り組む

大半の人はＭＬＭの仕事を仕事として捉えず、片手間程度に捉えています。あなたが会社から給料をもらってやっている仕事は片手間でやっていますか？

もし、そうなら出世もしないし、給料も上がらないでしょう。ＭＬＭの仕事も同じです。副業でなく、複業（ダブルワーク）として捉えます。

将来の少なくともあなたの第２の年金の確保の仕事をしているわけです。だから真剣に取り組むのは当然のことと思います。もちろん、人によって割ける時間が異なります。しかし、ＭＬＭに従事しているときは、真剣勝負で臨むことが重要です。

③期限付きの目標を立てる

私の70年以上に及ぶ人生において期限付きの目標を立てて、前述のＰＤＣＡサイクルを回した案件に関しては全て成功しています。

④代償の法則

期限付きの目標を立てて、次に重要なことは代償の法則です。自分の夢を叶えるためには、それまでの期間、自分のやりたいことをある程度犠牲にすることも大切です。これを代償の法則といいます。

目標達成の期間、例えば3年間は自分のやりたい趣味の世界は封印するとかを決めます。それもやらずにあれもこれもやりながら自分の夢を叶えることはできません。

私の例で説明します。

私は一橋大学商学部受験のため、高校2年夏から3年までの1年半の期間、受験勉強に全力投球しました。

大好きなビートルズのレコードを全て処分しました。恋愛は御法度です。受験勉強だけに集中しました。

手足の指10本全てしもやけ、鼻や耳にもしもやけができました。そのくらい集中しました。

その結果、一橋大学商学部に現役で合格することができました。都立神代高校初の快挙となり、この記録は現在まで破られていません。

そして、この成功体験が私の人生に勝利する方程式の原型となっています。

《5》成功の輪を回す

①セミナー活用

通常のビジネスでは効率性が重視されます。どちらかというと1馬力中心のビジネスが多いです。

しかし、ＭＬＭ、とりわけ商品のないＭＬＭの場合、人材育成が最重要となります。いくらあなたが優秀でもあなた1人でやるわけではありません。皆で力を合わせながら相互扶助精神の下、多馬力化を発揮していきます。

１人の力は小さくても、皆で力を合わせながら組織全体の力、総合力を発揮していきます。これを多馬力といいます。

したがって、効率性重視より、効果重視を大切にします。一見、無駄と思われるなかに、実は重要なポイントが秘められています。

誰でも1回だけセミナーを聞いても全て理解していません。2度、3度聞くうちに理解が深まっていきます。だんだんと腹落ちしていきます。

次に自分自身の直接紹介者が出てくると、今度はその人の立場で聞くようになります。

さらに、その下にダウンラインができてくると、自分から始まる組織を中心にセミナーを聞くようになります。すると今まで耳に入らなかったことが、すとーんと入ってくるようになります。モノの見方、視点が変わってきます。そのうち、リーダーとしての意識が芽生えてきます。こうして知らないうちに自分自身成長していることに気づいていきます。そして、セミナー活用の重要性に気づいていきます。

さらには、セミナーには年齢性別経歴等多種多様な人が参加しています。その人たちからも大きな刺激や気づきを得ることになります。もし、あなたが優秀なビジネスパーソンだとしたら、優秀なビジネスパーソンだけが参加しているわけではありません。家庭の主婦から、高齢者、経営者、サラリーマン、自営業、自由業等実に様々な人が参加しています。その人達の真摯な姿勢が伝わってきます。

例えば、生命保険の営業パーソンも多数参加しています。彼、彼女たちがなぜＭＬＭに参加しているのかを聞けます。彼らのマイストーリー、やる理由を聞くことができ、自分やダウンラインの人のモチベーションアップに一役買うことになります。

②夢リストを描き出してみる

先ほど「期限付きの目標を立てる」が重要と書きました。

さらに重要なことは、何のためにやるのかという目的です。このやる理由、夢が明確に描けているかがとても重要です。

大半の人は年金確保を目的の1つに挙げています。しかし、これだけでは弱いです。

大方の日本人は、大学を卒業して直ぐに就職します。しかし、特に人生における大きな夢とか目的、目標を掲げずに過ごしていることはないでしょうか。そして、いつの間にか結婚して、子供ができて、気がついたら定年になっているという人も多いと思います。そして、いつの間にか子供の頃に描いていた夢を忘れ去っていきます。

しかし、もう一度思い起こしてください。結婚している人であれば、その間家族ができています。

その家族と一緒にお金と時間があったら、将来こんなことをしてみたいという夢があるはずです。その夢を掘り起こし、家族と共有してみてください。

現代は、かつての猛烈社員からワークライフバランスが求められる時代です。第２の年金の確保ができたら、次はお蔵入りしてしまったあなたの夢を取り出してきて、ブラッシュアップして、描き出してみませんか。これを強烈にイメージできたときに、あなたのモチベーションはかなりアップしていきます。

これまで何となく生きてきた人生から、明るい希望に満ちた未来をイメージできたとき、人はわくわくしてきます。昔を思い起こしてください。例えば、1年後に結婚するときのことをイメージするとわくわくしていたはずです。

今、そのわくわく感を取り戻してみてください。一度しかない人生です。私は現在71歳ですが、私の人生には老後という概念はありません。

人生１００年時代です。アクティブシニアとして、１２０年の人生計画を立てています。その計画の中で、約20の夢を描き出しています。その夢を全て叶えず、途中で帰天するかもしれません。でもそれは自分の人生を完全燃焼して帰天するので悔いは残りません。あくまでも最期はぴんぴんころりで畳の上で死ぬのが夢の１つです。

③ＰＤＣＭサイクルを回す

ここでＰＤＣＭサイクルを回すという言葉を出しました。これは私の造語で、ＰＤＣＡサイクルをもじって、Ｐｌａｎ↓Ｄｏ↓Ｃｈｅｃｋ↓Ｍｏｔｉｖａｔｉｏｎの略です。

ＭＬＭでは、自分のダウンラインに給料を払っているわけではないので、指示命令の組織ではありません。したがって、いかにダウンラインのモチベーションを維持するかが最重要ポイントとなります。

そのために、やる理由が最重要事項と

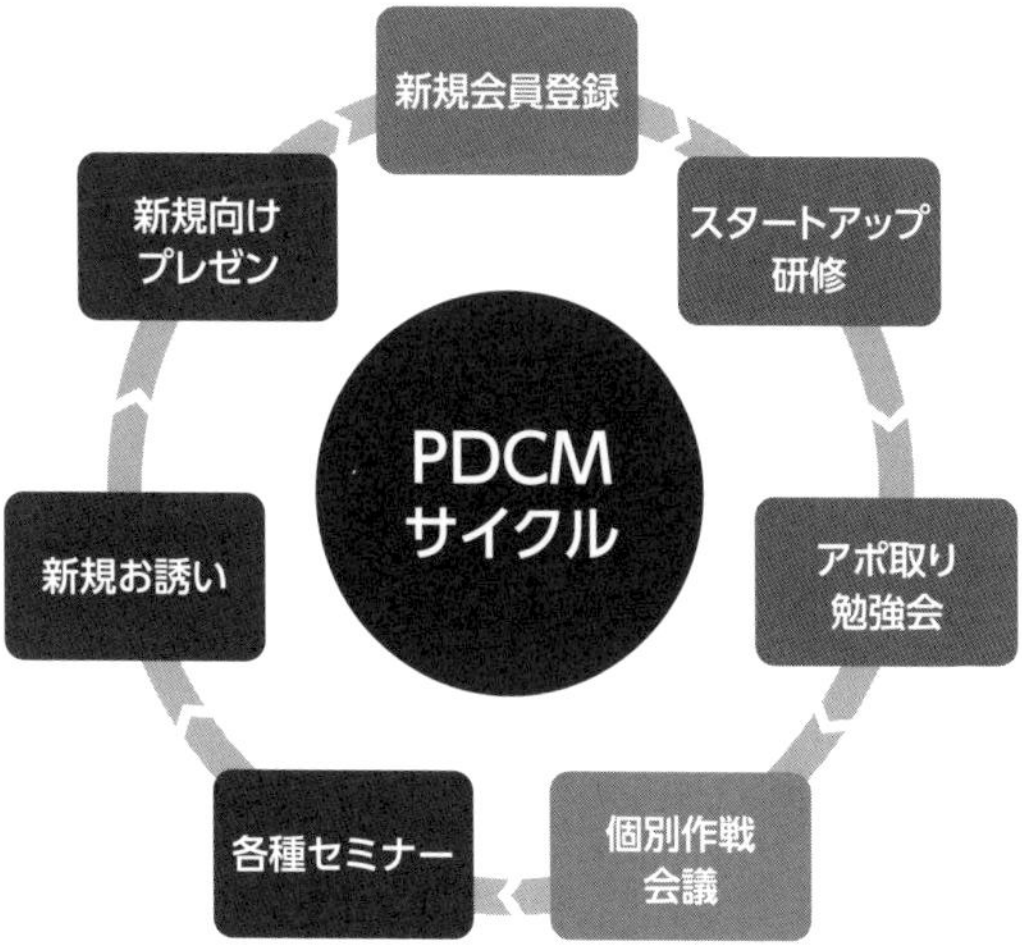

なります。うまくいかなくなるとき、途中でやる気がなくなるときもあります。そのときには、自分のやる理由を再度明確にすることです。このやる理由を明確にすることで、モチベーションが上がっていきます。

以上をまとめると前頁図表のようになります。これが成功の輪を回すということです。

《6》成功の旅

あなたの夢が叶った時点で成功を手にしたといえるでしょう。そして、成功を手に入れるまでの道のりを一般的に「成功への旅」というでしょう。しかし、ここで私は「成功の旅」といいましょう。

ここで私の例を基に、「成功への旅」と「成功の旅」の違いを説明したいと思います。

私は大学1年生のときに、朝日新聞が募集した朝日洋上大学第1期生に応募しました。１年間朝夕新聞配達をして、その給料を積み立てると、さくら丸という船に乗って米国に行けるという制度でした。不足分は、朝日新聞が補填してくれました。当時は１ドル３６０円の時代で、米国に行くのは夢の時代でした。

ハワイに４日間、ロスアンジェルス、サンフランシスコ各２日間、あとは船上生活、計37日間の旅でした。米国に上陸して、日米の格差を実体験し夢が叶いました。

船上生活では米国の歴史、経済、政治、文化を学びました。男子大学生３００名、女子大生75名、朝日新聞から25名、総勢４００名の船旅でした。なにもかも初めて、楽しい楽しい洋上生活でした。これも成功だと分かりました。だから米国に行く成功への旅ではなく、洋上生活も成功の一部なので、成功の旅だったわけです。

なお、下船してからも同じ釜の飯を食った仲間同志なので、交友が続きました。洋上大学で結婚したカップルも10組くらいは誕生しました。

さらには１年間の新聞配達も成功の一部と今では思っています。なぜなら、朝夕の新聞配達は健康にとても良いことが分かりました。毎朝４時に起床して、新聞配達に出かける。早起きは健康に良く、人生で一番健康だった時期といえます。

さらには、新聞配達は非常に大変な仕事です。艱難辛苦の連続です。雨嵐、台風、そして雪も何度も降りました。工事中の穴に落ちたことや、暗闇から犬に吠えられて、かみつかれそうになり、びっくりしたこともありました。

しかし、米国に行くという夢のために、これらの艱難辛苦を1年間乗り切ったことが自信に繋がりました。それがその後の自分の人生の勝利の方程式になっていることが分かりました。

さて、会費の安いMLMの場合、会費の高いMLMと比べ、安定した継続的権利収入が得られるまで時間がかかります。

左のグラフをご覧ください。直線は労働収入です。働けば働いただけ、収入が増えます。しかし、退職したら収入は入ってきません。

これに対し、曲線部分が継続的権利収入のグラフです。最初は労働収入と比べ働いた見返りが少ないといえます。しかし、ある時点で労働収入のグラフを突き抜けます。これはちょうど事業家の収入と似ています。事業家の場合、事業が軌道に乗るまで、投下時間と比べ、リターンがあまり期待できません。

ただし、直線部分と曲線部分のギャップ、実はこの網掛け部分があなたの実力を養っている期間なのです。曲線が直線を突き抜けたときに、それまでに蓄積したあなたの力が一気に花開くことになります。

ちょうど、私が朝日洋上大学で新聞配達した話をしましたが、これが後々の人生の勝利の方程式となっています。ＭＬＭの場合にも、これが当てはまります。つまり、この部分も含めて、実はあなたは人生の「成功の旅」をしていることになります。そして、成功した時点でそのことに気づくようになります。その時点で自己成長の喜びを感じることになります。

【労働収入 VS 権利収入】

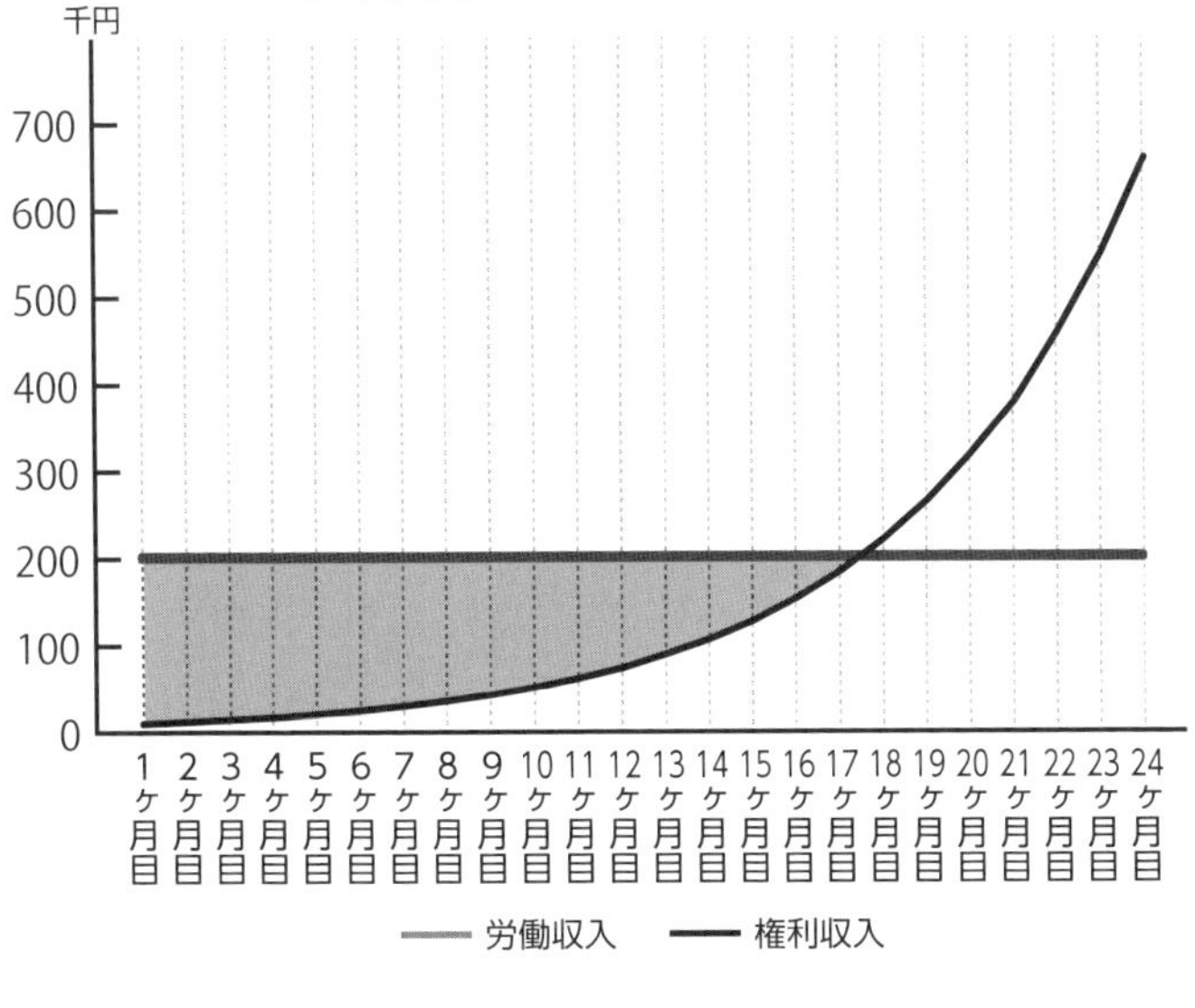

これまで成功の秘訣を書いてきましたが、実は私の成功理論の原点は名著ナポレオン・ヒル『思考は現実化する』（きこ書房）に詳細に書かれています。私は原書『THINK & GROW RICH』も読みました。原書の書名を意訳すると、正しい思考方法があなたの人生を豊かなものへとするわけですね。

ＭＬＭ従事者のみならず、人生に成功したい人なら同書は必読書といえます。

Coffee Break

― いつでも夢を ―

私は月1回ストレス解消の意味も含めてビートルズのカラオケを1人で歌いまくります。たまに自分の中学生のときに大ヒットした『いつでも夢を』、『上を向いて歩こう』、『高校3年生』を歌います。最近、歳を取ったせいか涙腺が緩みます。『いつでも夢を』では、吉永小百合と橋幸夫が画面に登場すると感激で声が詰まります。私の人生最後の書籍は『いつでも夢を』と決まっています。これは子供の頃から夢を追い続けてきた私の人生の集大成の書です。私の履歴書です。「私の成功の旅」の終着点です。『いつでも夢を』

は、１００歳のときに出版予定です。１００歳を祝って出版記念パーティを開催したいと思っています。１００歳から見たら71歳はまだ若造です。そんな夢を抱きながら青春を謳歌している71歳です(^)o(^)

《７》アポ取りで成功する秘訣

ＭＬＭのアポ取りの場合、通常のアポ取りと少しやり方が異なります。このやり方をしっかりと理解してからアポ取りをするといいと思います。これを理解しないうちに、先走ってアポ取りをするとうまくいかず、落ち込む原因となるので気をつけてください。最悪のケースは、アップラインと相談せずに、１人で落ち込み、自分はＭＬＭには不向きだと勝手に思い込み、辞めていく人が多数います。

アポ取りをする相手として主に2つに分類されます。

①アポ取りのコツ

アポ取りする場合、2つのタイプに分類される。

1つ目はビジネス上の友人知人です。こういう人なら、「今度新しい仕事を始めたので、一度話を聞いてくれない？」と電話すれば比較的スムーズにアポが取れます。

2つ目は、日頃ビジネスをやったことがない主婦が友人知人に電話する場合です。その場合、「今度新しい仕事を始めたので一度話を聞いてくれない？」と電話したら、日頃ビジネスをやっていない主婦なら違和感を覚えます。このような場合、「一度お茶しない？」と言って誘うのが自然です。そして、茶飲み話をしながら、相手のニーズを聞き、ニーズがあるような新規向けの事業説明会に誘えばいいと思います。

また、内勤部門に勤めている人も同様ですよね。こちらも仕事上アポを取ったりしないので、いきなり仕事の話を持ち込まれると違和感を覚えます。

②ＭＬＭという障壁

次に、ＭＬＭというと日本人には依然イメージが悪く、色眼鏡や先入観で見る人も多いです。当の本人もそう思っていたら、その後ろめたさが心理的に影響します。だから前述のように、会社と自分に確信を持ってから電話をしたほうがベターです。特に、前述の普段ビジネスをやっていない人はなおさらです。かつてのあなたがそうであったように、人って意外と素直に人の話を聞かないものです。だから架電の際には、あらかじめトークスクリプトを用意して、相手を想定しながら、どんなストーリーで話の流れを作っていくのかを準備しておくといいです。また、否定的な反応が返ってきたときの、反論トークも準備しておくと良いです。

③反論処理

基本的には yes, but 方式がおすすめです。

例えば、相手に「それってネットワークビジネスでしょう」とか「それってネズミ講でしょう」とか言われたとします。

その場合、直ぐに否定にかからないで、「実は自分も最初はそう思ったのだけれど、しっかり説明を聞いてみたら、自分が描いていたイメージと全く違うことが分かったんだ。だから一度しっかり聞いてみない。それから判断しても遅くないよ」と、まずは相手の否定的な反応を一旦受け止め、それから反論していきます。

ただし、相手の反応がＭＬＭに対しあまりにも否定的な場合、深入りしないほうがいいです。こういう人の色眼鏡を外すのは大変なエネルギーが必要です。また、深入りすると人間関係に影響してきます。再度電話したときに、電話に出ないこともありえます。そして電話を受けたその人は「なんか彼（彼女）最近変なネットワークにはまっているみたいだよ」という内容も知らないのに、無責任な噂を流す人もなかにはいます。日本人にはこの種の無責任タイプの人も多数います。

そのときは、やらない理由をさらっと聞いて、電話を切ります。

人の感情や状況はずっと一定しているわけではありません。そのとき、たまたま気分的に優れなくて、否定的な反応をしたかもしれません。数ヶ月から１年程度経ってから電話したら、状況が変わり、話を聞いてみるというふうに変わることも結構あるからです。

《8》ネームリストを準備する

これから誘う人のことをプロスペクトといいます。商品系のＭＬＭの場合には、ネームリストの数は２００名も用意する必要があります。商品を流通させていくためにできるだけ多数のプロスペクトが必要です。また、ビジネスをしないで買うだけの愛用者も多数存在するからです。これに対し、今回取り上げるＭＬＭの場合、商品流通がありません。そのため、少人数でいいわけです。ネームリストの人数も商品系のＭＬＭの10分の１程度の20人あればＯＫです。その点、人脈の少ない人でも参加できる仕組みになっています。それではネームリストをリストアップするときの項目を挙げてみましょう。

①氏名

若い人の場合、ニックネームを書くことがありますが、一緒に作戦会議をやるアップラインには、よく分からない場合があるので、氏名で書くようにしましょう。また、ニックネームでは男女別が分からない場合もあります。

②年齢

年齢も重要な項目です。例えば50代後半の勤め人なら、そろそろ定年が見えてきます。定年後にはどうしたいのかをリサーチしておくといいです。

一方、若い人ほど将来の年金に不安を抱いていても、そんな先までイメージできない若い人も多いです。ここは感性の問題なので、今から対策の必要性を感じている若い人はＭＬＭ向きです。

また、近い将来会社を辞めて独立したい人もいます。そういう独立心旺盛な若い人はＭＬＭに向いています。

③職業

個人事業主や経営者の場合、自分で稼ぐことの大切なことを身にしみて知っているのでＭＬＭに向いています。これに対し中小企業に勤務の場合、終身雇用という概念があまりありません。現在の職場に不満を持っているなら、いずれ退職を考えているかもしれません。そういう人にはＭＬＭはおすすめです。

一方、大企業勤務の場合、ＭＬＭに関心のない人が多いです。しかし、ｗｉ

ｔｈコロナ時代では、いつリストラの対象になるかもしれません。また、業績不振でボーナスカットの企業も増えてきました。

④なぜ伝えたいのか

コロナ禍の時代、大半の人は将来に不安を抱いています。あなた自身もそんな将来の不安を解消したいがために、ＭＬＭを始めたのですよね。さらにあなた自身のやる理由も明確にすると相手に伝わりやすくなります。

⑤ＭＬＭ経験有無

人って、ＭＬＭの経験がないのに、ＭＬＭに対する色眼鏡や先入観を持っている人が結構います。その色眼鏡の度合いが強いと、それを外すのに大変です。そういう場合には、無理せず後回しにしましょう。

一方、ＭＬＭ経験者の場合、大半はお付き合いで参加した人が多いです。そのような人は先入観を持っていない人が多いです。その辺もしっかりと把握しておくといいです。

ただし、過去にＭＬＭで大きな被害を受けた場合、トラウマに感じている人もいるので、後回しです。

⑥あなたとの人間関係

人間関係が近い人ほど、会員になる確率が高いです。一方、普段コミュニケーションがない人は、リサーチが必要です。

⑦性格

明るい人、リーダーシップを発揮できる人がベターですが、そうでない人でももちろんかまいません。

⑧住まい、勤務先

コロナ禍でセミナー会場利用が難しい昨今Ｚｏｏｍ活用です。その場合、勤務先、自宅の住所が遠隔地にあっても問題ありません。

リストアップ表

項目	備考
①氏名	ニックネームは避け、本名を記入
②年齢	現役、定年退職、失業中等 年代も重要要因
③職業	大企業勤務者は感心ない人が多い。ただし、最近は副業解禁の企業も増加中。外資系生保の場合、副業禁止が多い。公務員は副業禁止。ただし、政治家、議員は対象外
④なぜ伝えたいのか	やる理由が明快なこと
⑤MLM経験有無	MLM経験無→色眼鏡度合い MLM経験有→過去に被害に遭った場合には拒否反応
⑥あなたとの人間関係	関係（近、中、遠縁）が近いほど、成功率が高い。人間関係が遠い人は、リサーチが重要
⑦性格	ネアカな人が向いている。前向きな人
⑧住まい、勤務先地域	オンラインなので、遠隔地も可

《9》第三者話法

自分の友人知人にＭＬＭの事業内容を直接説明してもなかなかうまく伝わりません。その理由は、ＭＬＭは自分の努力次第で、少額の投資で多額の報酬を取れるビジネス・モデルですが、そんなうまい話があるかとにわかに信じることができないからです。

経営者、個人事業主の場合、多額の投資の結果、大きなリターンが取れると思っているので、このビジネス・モデルをにわかに受け入れようとしないからです。

次にサラリーマンの場合、給料をいただいて働く。つまり労働対価報酬というビジネス・モデルに慣れているので、ＭＬＭのビジネス・モデルをなかなか素直に受け止めようとしません。これが親しい友人からなら、なおさら、「そんなうまい話などあるわけない。だまされているんじゃないの？」とまずは疑いの目で見ようとします。

また、優秀な営業パーソンの場合、営業と勘違いして、一度説明を聞いてそのビジネス・モデルを理解します。あとは概要書面を片手に営業活動に走ります。これもうまく伝わりません。先ほども説明したとおり、ＭＬＭの仕事は営業活動ではありません。「伝える仕事」なのです。その「伝え方」で一番効果があるのが、第三者話法なのです。第三者話法とは、人間関係のない第三者、そのＭＬＭで実績を残している人が説明したほうが、うまくいくことが圧倒的に多いのです。

それでは、第三者話法の仕組みを説明します。

①個別面談

新規（プロスペクトという）を説明者Ａさんに紹介し、個別面談するケースです。

ここで重要なポイントを解説します。

Cさんの紹介者、橋渡し役Bさんは、事前にAさん（説明者）のことを説明しておきます。そのときのキーワードがティーアップです。

ティーアップとは、ゴルフのプレーでティーグラウンドからボールを打つ際に、ティーにボールを置いて打ちやすくします。これが転じて、ある人を紹介するときに、その人の良い部分を褒めると、相手の人は聞く耳を持つようになります。特に商談の際にははかどるようになります。

人は自分のことを自分で褒めるより、他人が褒めたり、評価するほうが効果がより大きくなります。

例えば、第三者が、「あの人は営業の達人で、これまでも数々の実績を上げてきた人です」と評価するほうが、本人が直接話すより効果があります。

日本人の場合、謙遜する国民性なので、自分のことを自分で自慢することを良しとしません。また、もしそうしたら相手から自慢話をして鼻持ちならぬとかえって嫌われます。

このティーアップをしっかりやらないと、単に営業の売り込みと勘違いされてしまいます。Ｃさんは顧客、Ａさん、Ｂさんは営業パーソンとなり、Ｃさんは顧客として話を聞いてあげるという意識となります。これではいくらＡさんが良い説明をしても、Ｃさんが聞く気にならないと、このセットアップは失敗に終わることが多いです。

次に、Ｂさんは、Ａさんに事前にＣさんの情報を伝えます。特に個別面談の場合、Ｃさんの状況に合わせて、説明をします。

さて、説明の場所ですが、静かな喫茶店等が好ましいです。Ｂさんは事前に下調べして、早めに行き、静かな場所を確保しておくことが好ましいです。

着席の仕方にもルールがあります。次頁の図のように、Ａさんは壁際に座り、ＣさんとＢさんは壁に向かって座ります。壁際にＣさんが座ると、周りの動きが見えて、集中できなくなるからです。

もし、Ｃさんが年上の場合、名刺交換後に「こちらのほうが落ち着いて説明できるので、よろしいですか」と一言言ってから座ると、礼を失しないことになります。

　なお、最近はｗｉｔｈコロナの時代、喫茶店によっては来店客が皆壁に向かって座るような店もあります。その場合、Ｃさんを真ん中、Ａさんが右隣、Ｂさんが左隣がいいです。

　着席してからＢさんはＣさんに概要書面を渡します。事前に渡すとＣさんは概要書面を事前に読むと思いますがよく理解できないことが多いです。特に報酬プランは理解できません。そして、インター

● ABC：第三者話法の活用

※コーヒー代は原則割り勘

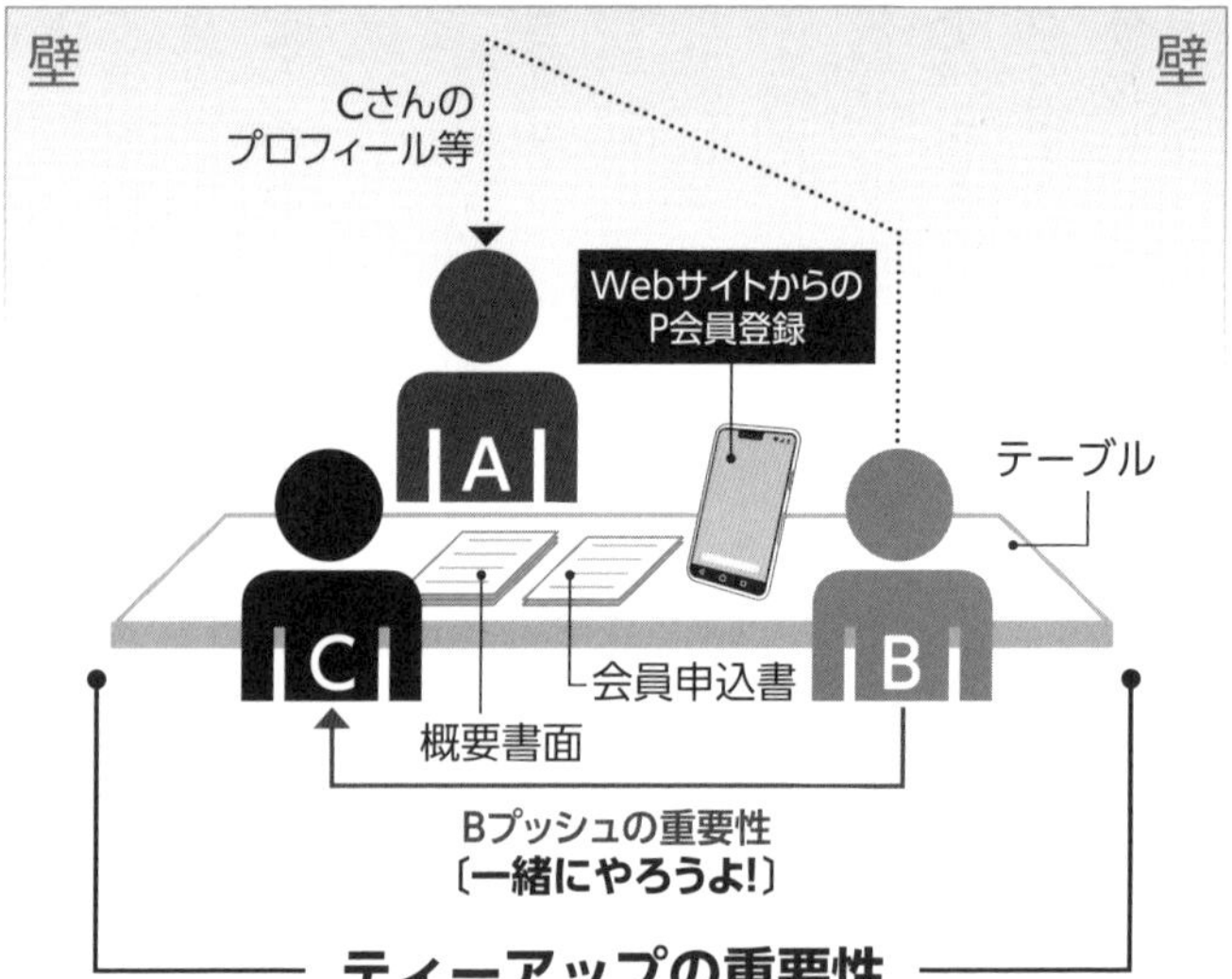

ネットでその会社を調べます。誹謗中傷が載っていたら、それだけで先入観を持ち、説明の妨げになります。まずはまっさらの状態で聞いてもらい、そのうえで判断してもらったらいいと思います。

なお、概要書面は特定商取引法という法律でコンプライアンス上、手交を義務付けられています。この概要書面を渡さないＭＬＭが結構あります。概要書面に記載されていることが全てであり、これ以外のことを説明したら、不実の告知で訴えられることになります。概要書面を渡さないと、概要書面に記載されていないことをオフレコでどうしても言ってしまうことが多いので注意が必要です。

次にＢさんのとるべき態度です。Ａさんの説明をしっかりと聞く一方、Ｃさんの反応がどうかを横でチェックします。途中でＡさんの説明に口を出すＢさんがいますが、これはＡさんのペースを乱すことになり、慎むべきです。なかには、説明の最中に、かかってきた携帯電話に出たり、Ａさんの説明を聞かずに、スマホをいじったりしているＢさんも時々見かけます。これは御法度です。

Bさんの真剣でない態度がCさんに伝わり、Aさんの説明のリズムにも影響を与えます。この時間帯は真剣勝負と心得てください。

最後にクロージング（契約への誘導）タイムです。Aさんの説明が一通り終わり、Cさんが関心を持っているようだったら、BさんはCさんに向かって、「一緒にやろうよ！」と元気よく呼びかけます。クロージングはCさんと人間関係のあるBさんの役割です。

もし、あまり乗らないようだったら、いくつか質問をしてみます。

例えば、「お金がない」とか「時間がない」とか「ネットワークビジネスは自分はやらない」とかが主な理由です。

その場合、前述のyes, but方式で、相手の反応に、「確かに自分も時間がないよ。コロナショックでまさかのときが来て、このままでは自分の将来が不安だ。だから時間がないけど、自分の将来のリスクヘッジの意味も込めて、始めたんだ」と力強く伝えます。そして、「20日間のクーリング・オフがあるから、その間にいろいろと調べたらいいじゃないか。もしそれでも納得がいかなければ、クーリング・オフすればいい。全額返金されるから」

それでも日本人の場合、「考えさせて欲しい」とか「帰ってからよくチェックしてみるよ」と反応する人も多いです。しかし、毎月の会費数千円のビジネスに決断ができない優柔不断の人は、会員になってから成功しない人が多いので無理して追いかけないほうがいいです。

コロナショックで、今後半数の企業が倒産するといわれている時代です。それでも自分の将来を変えようと思わない人は、放っておいたほうがいいです。あまりしつこく追い回すと人間関係にひびが入ることもあり得ます。

また、そのときに断ったとしても、その人の気持ちや環境が変わると、態度が変わる人も多数います。時間が経ってから、再度誘ってもいいわけです。

なお、喫茶店代は原則割り勘です。これは自分の友人知人に情報提供したので割り勘がベターです。喫茶店代をＢさんが負担すると、それは営業行為となります。Ｃさんはお客様、Ａさん、Ｂさんは営業パーソンということになってしまいます。

さて、Ｃさんが会員登録を希望したら、その場でウェブサイトから会員登録することがおすすめです。スマホで簡単に会員登録できるので、そのやり方にも慣れておくといいです。

②Zoomの活用

ｗｉｔｈコロナの時代、最近はＺｏｏｍ活用も積極的に行われています。Ｚｏｏｍの最大のメリットは、遠方の人と同時にＡＢＣができることです。

③セミナー（事業説明会）に誘う

ＭＬＭの新規開拓の手法としてセミナーを活用するのが特徴です。個別のＡＢＣと違い、会場活用のメリットは、多数あります。

会場の雰囲気、どのような人が参加しているかをＢさんはＣさんに見せることもできます。Ｃさんと同じ職種の人などいると刺激となります。そして、その人をＣさんに紹介するのも大事です。

当日の講師（スピーカー）はそのＭＬＭで成功した人が担当します。この場合、その講師がＡさんとなります。

Ｂさんは Ｃさんに講師のティーアップを事前にしておきます。そして、Ｃさんが講師に会場で会いたいと思う空気作りをしておきます。そして、会場で講師を紹介します。これを「繋ぐ」といいます。この「繋ぐ」ことで、Ｃさんは講師の説明をしっかりと聞くようになります。

セミナー会場では、Ｃさんは講師の話を一方的に聞くことになります。情報のシャワーを浴びることになります。

Ｂさんは、会場で渡した概要書面を見ながらＣさんがしっかりと講師の説明を聞いているかどうかチェックします。

説明が終わったら、個別のＡＢＣ同様セミナーの感想を聞き、質疑応答します。前向きな反応ならＢプッシュ「一緒にやろうよ」とクロージングします。

一方、セミナーの講師がいろいろな気づきを与えてくれます。激変する時代環境、特にコロナ禍で先行き不透明な時代です。いろいろな失敗談を事例として出すこともあります。

人は自分のミスを直接指摘されると素直に聞けないものです。

そこで第三者の事例を使ってそれとなく気づかせることもできます。

セミナーや講習会もその1つです。

同じことを聞いても、セミナーや講習会の講師の話なら素直に聞く姿勢を持っています。これも第三者話法です。

また、セミナーではハロートークといって、現在そのMLMに一所懸命取り組んでいる人がショートスピーチをします。そのなかで、「ああ、こんな人もがんばっているのだ。ごく普通の人も一緒にやっているんだ」という効果を新規のCさんに伝わります。これもセミナー参加の効果です。

4 リーダーシップとマネジメント

リーダーシップとマネジメント能力は別です。リーダーシップを発揮できる人が必ずしもマネジメント能力があるとは限りません。ここではその違いに留意しながら解説していきます。

《1》状況に応じた柔軟な姿勢で対応できるリーダーシップ力

リーダーとは、先を読み、それに基づき、組織の一員を状況に応じ、必要な仕組み、仕掛け、あるべき方向性を指し示したりする人をリーダーといいます。ときに決断力を求められます。それには勇気が必要です。その勇気とは、自分自身の知識と経験に裏付けられた自信です。

ＭＬＭでは自分から始まる組織をダウンラインと呼びます。この自信と勇気があるからリーダーと呼ばれ、ダウンラインはそれに安心してついていくことができます。

そのときに大切なこととして、リーダーは強い正義感を持っていることです。公正な正義感を持っているからダウンラインはリーダーを尊敬し、安心してついていけることになります。

逆に利己主義的なリーダーにはダウンラインはついていきません。ダウンラインのためと口ではきれいごとを言っていても、直ぐに見抜かれてしまいます。

また、感情の起伏が激しく、直ぐに怒る人はリーダーの資質に欠けているといえます。必要以上に気を遣わせるリーダーもリーダーとしてはふさわしいとはいえません。

今年はコロナショックが発生しました。コロナウィルスとのお付き合いは当面続きます。ｗｉｔｈコロナの時代ではリーダーはどのようにダウンラインと向き合うのか。ＭＬＭによっては、３密を気にせず、満席でセミナーを実施しているＭＬＭもあります。

一方で、３密を考慮して、セミナー禁止を打ち出しているＭＬＭもあります。

しかし、ｗｉｔｈコロナの時代に救世主として出てきたのがＺｏｏｍです。Ｚｏｏｍ活用には様々なメリットがあります。

❶会場の手配が不要なので、主催者側の負担が大幅に軽減されます。

❷参加者は、会場までの往復の時間が不要となり、自宅等で参加できます。なかにはスマホ片手に歩きながら参加する人もいます。また、コロナ禍で夜の飲み会自粛のため、夜の参加は比較的時間の都合がつきやすくなりました。

❸会場費、飲食費等の諸経費がかからない。

❹主催者側は、少人数のセミナー、勉強会を頻繁に実施することができ、きめ細かい対応が可能となりました。

❺何よりもこれまで遠隔地の人の対応は出張してセミナーやＡＢＣを実施していましたが、距離感がなくなりました。

デメリットとしては、大人数参加のスケール感が出にくい。それとやはり顔を合わせ、ときには飲み会をしながら親睦を図るということができなくなることです。

Coffee Break

―　ドナルド・トランプが考えるリーダーシップ　―

信仰を持つことは自分より偉大な力を信じることだ。もちろん私は、人間より偉大な力が存在することを信じている。その気持ちが、どんな状況をも耐え抜く強さを与えてくれる。リーダーにはこの強さが備わっている。

（『あなたに金持ちになってほしい』p273）

《2》それぞれの役割分担で力を発揮していく

①繋ぎ役

ＭＬＭでは、誰でもが講師をできるわけではありません。講師のできる人は最初からそのセンスがある人が担当すればいいといえます。講師の苦手な人は、繋ぎ役に徹することです。繋ぎ役とは、プロスペクト（新規）を講師やアップラインリーダー、成功者に繋ぐことです。ここで繋ぐことと紹介とは少し違います。繋ぐとは、講師やアップラインリーダー、成功者リーダーのティーアップを事前に行い、プロスペクトがそのビジネスにより関心を持つように仕向けることも意味します。

②セミナーの司会

司会は、講師のティーアップを的確に実施する。また、会場の注意事項を簡潔に説明する。公の会場を借りることが多いので、会場外でプロスペクトの勧誘行為をすることはＮＧであること。

司会は、スマイルを浮かべながら落ち着いたトーンで話す。これに対し、だめな司会は司会の領分を超えて出しゃばってしまうこと、馴れ馴れしく話す等です。司会の巧拙によって、会場の空気を悪くすることもあるので、こういう人は要注意です。

なお、現在はＺｏｏｍが主体なので、ホスト役としてセキュリティ対策のため、参加者の氏名と顔出しを励行するよう促します。

③ハロートーク

そのＭＬＭに現在真剣に取り組んでいる人の話です。時間は2～3分程度です。話の内容は、プロスペクトに参考になるように、いつ始めたのか、どういう仕事をしているのか、そのＭＬＭをやる理由等です。なかにはハロートークの際にあがってしまい、事前に打ち合わせたことと違うことを言ってしまう人もいます。これはセンスの問題なので、あまり向いていない人はハロートークに出さないほうがベターといえます。

④受付

金銭感覚がしっかりとしていて、当日の入金をしっかりと管理し、セミナー終了後にはきちんと報告できる人が向いています。

その他、会場設営等いろいろな役割がありますが。要はそれぞれの役割分担をさせるのもリーダーの仕事といえます。

これを経験することで、講師の大変さ、会場の設営等の大変さを実感します。

仕事を通じ、一体感、協力体制ができあがっていきます。

《3》組織を創るマネジメント力が組織拡大には最重要

①各マネジメントの役割

マネジメントには、会社でいう社長、副社長、担当役員、部長、課長、係長、主任等それぞれの役割があります。

会社でいう社長、そのＭＬＭの最高タイトルの会員は、自分の組織全体のみならず、会社全体の経営に関しても大所高所から考えます。また、経営面で会員のニーズを吸い上げ、主宰企業のトップにも末端会員の意見、要望を伝え、ビジネス改善を提案していきます。

そのなかでトップリーダー、大成功者として講師を担当します。しかし、なかには講師が苦手な人もいますが、その人は繋ぎ役でもいいわけです。繋ぎ役に徹して成功しているトップリーダーも多数います。逆に、立て板に水のごとく話せなくても最高タイトルの会員になれるという安心感を末端の会員に与えます。

担当役員は、組織をどのように大きくしていくのかを絶えず考えています。現場とトップを繋ぐ、パイプ役としてとても重要な役割です。

部長は、各種ビジネス・トレーニング、事業説明会の講師を受け持ったりします。なお、講師が苦手な人は繋ぎ役でもいいといえます。

課長は、自分の傘下にいかにリーダーを育成するかに腐心します。その1つに説明者、ABCのAさん役を育成していくことが組織拡大に重要です。

人材育成型のMLMの場合、1人でも多くリーダーを輩出することが強い組織を創ることができ、成功の要因といえます。ここでリーダーとは、上から指示命令を受けないで、自発的に動くことができる人をいいます。

係長クラスは、ABCのAさん役をできるようにします。

②MLMの組織の特徴

通常の会社の場合、従業員に給料を払っているので、指示命令型の組織です。

一方、MLMの場合、フルコミッション制であり、アップラインがダウンラインにコミッションを支払う仕組みではありません。

したがって、指示命令型の組織ではありません。しかし、長年会社組織にいた会員の場合、昔の指示命令型の組織の習慣が出てしまい、ダウンラインからひんしゅくを買うことがよくあります。しかし、ダウンラインからは直接アップラインリーダーに意見を言うことは基本的にはないので、本人が気がつかないまま、風通しの悪い組織になることがよくあります。そして、組織の伸びに陰りが出てきます。

したがって、アップラインリーダーとしては、ダウンラインの意見にいつも耳を傾ける習慣を付けておくこと。絶えず風通しの良い組織作りをすることに努めることが極めて重要といえます。

よく、そのアップラインリーダーが不在のときに、突然重しが取れたように、その組織が活性化し、自由闊達な意見が出たりすることがあります。

③人材育成の方法

全ての人を同じように育成していくことは難しいです。ＭＬＭの場合、やる

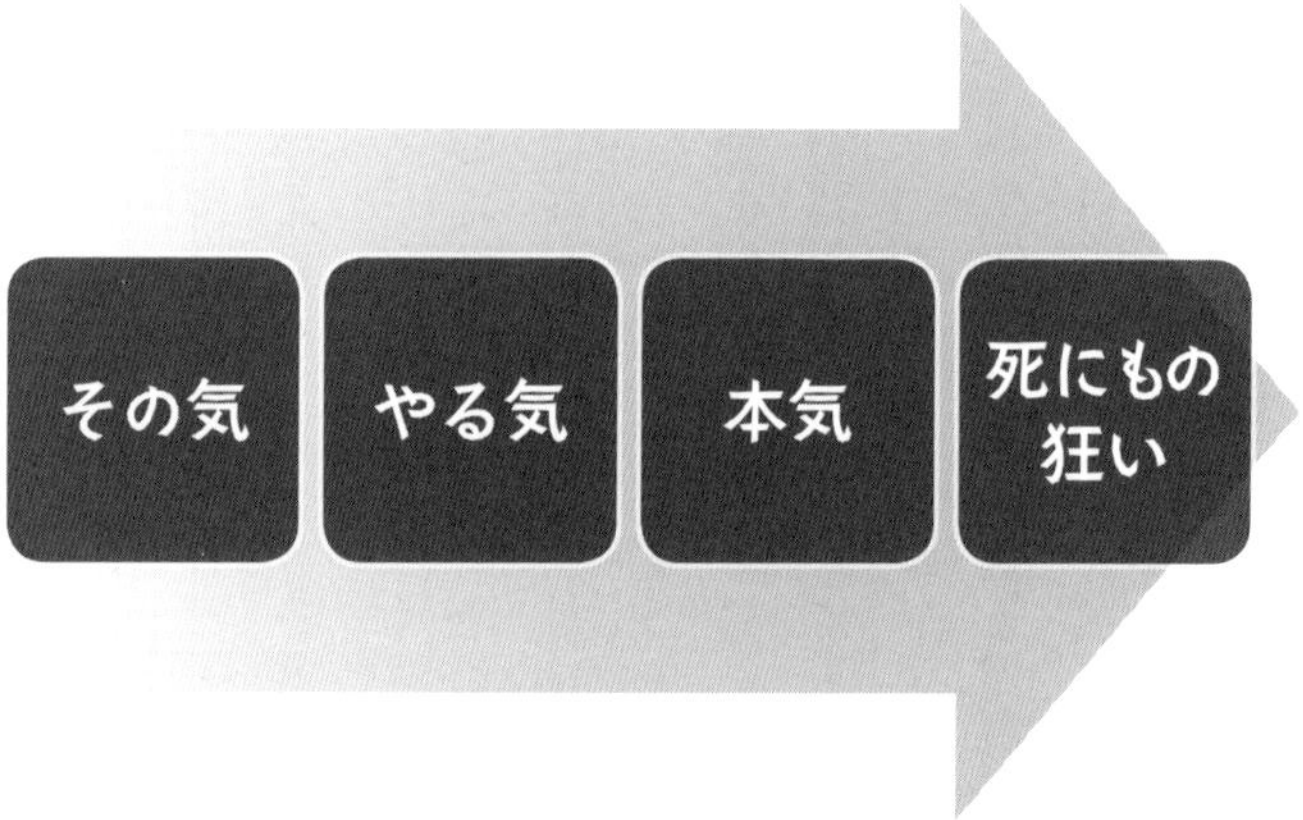

気のある会員の育成に時間をかけて組織を大きくしていくことがポイントです。会員のモチベーションには次のような段階があります。

その気→やる気→本気→死にものぐるい

同じアドバイスをするにしても、死にものぐるいでがんばっている人は、そのアドバイスをありがたく受け止めます。しかし、その気程度の人ではアドバイスを指示命令と受け止めることがあります。

だから伸びる人と伸びない人の差が顕著になって現れてきます。

ただし、当初やる気のなかった人でも、ある日突然やる気に変わることもあります。特にバイナリープランの場合、本人の知らないうちに自分の下に組織ができていることがよくあります。そこで伸びていない片方をがんばれば収入が取れると理解すると俄然モチベーションが上がる人も出てきます。これもマネジメントの１つといえます。

④成功しない理由

ＭＬＭは基本的には誰でも成功できるビジネス・モデルです。しかし、成功しない人は、得てして根暗な人が多いです。自分はだめだ、自分にはできないと勝手に自分の能力を限定してしまいます。目先のことしか考えられず、将来の明るい自分をイメージできない、自己イメージが低い人が多いです。

生活のために目先の収入を得ることは大切です。しかし、労働収入では、いずれその限界が年齢と共に訪れてきます。本人はそのことに気づきたくないようです。

人によっては、70歳前後になって深夜勤務をするようになり、体力的な限界を感じ、これではいかんとMLMを始める人もいます。しかし、努力が長続きせず、途中で挫折する人も多数います。

最低でも自分の第2の年金の確保をするビジネスで、そう簡単に手に入ると思う考えが安易といえます。

やはり絶えず努力精進を続け、その先に成功が待っています。しかし、私の事例、朝日洋上大学第1期生の例で述べたように、途中の努力精進の過程が自己成長に繋がり、将来の自分自身の力になっていることに気づきません。成功者はそれに気づいているのです。

また、MLMには多数の成功者が参加しています。成功者の思考と行動パターンを学ぶことで、成功者の仲間入りすることができます。そのことも理解して欲しいと思います。成功者は、努力しない人は歓迎しないということを理解して欲しいのです。波長同通の法則、類は友を呼ぶともいいますが、成功者は成功者同士が波長が合うのです。成功者の仲間入りをしたいのなら、努力精進は必須といえます。

おわりに

4章にわたり解説いたしました。これは全て私の実戦、経験に基づいたものです。本書には、40年以上に及ぶ私のノウハウが凝縮されています。これを実戦して、あなたの身につけば、あなたの営業力、伝える力は10倍になっていきます。現在既にトップセールスマンである人にとってもいろいろなヒントがちりばめられていると思いますので、さらに営業力強化にご活用ください。

かくいう私が営業を始めたのは、三井物産入社4年目でした。それまでは経理をしていたので、営業を全く知りませんでした。営業がどうやって注文を取るのかということなど全く分かりませんでした。あれから45年ほどの月日が経ち、様々な経験をしてきました。45年前に比べれば、私の営業力は10倍どころではなく、無限大に近くなったと思います。この本は営業の初心者を対象に構成をしましたが、これを読み、実戦を行えば、必ず、営業力、伝える力は10倍にアップします。

これは、全て私のオリジナルですが、とはいえ、全て私が、ゼロから編み出した

参考文献

第1章：営業力アップの基本要素

『あなたの人脈力10倍アップの極意』（菅谷信雄著　游学社）

『あなたのコミュニケーション力10倍アップの極意』（菅谷信雄著　玄文社）

『Bob Sugayaのあなたの英語力10倍アップの極意』（菅谷信雄著　游学社）

『最強のチームのつくりかた』（内田和俊著　日経ビジネス文庫）

『なぜあのリーダーはチームを本気にさせるのか？』（広江朋紀著　同文舘）

第2章：営業力10倍アップのコツとツボ

『営業マンは断ることを覚えなさい』（石原明著　三笠書房）

『あなたの人脈力10倍アップの極意』（菅谷信雄著　游学社）

『たった５人集めれば、契約が取れる 顧客獲得セミナー成功法』（遠藤晃著　ダイヤモンド社）

『影響力の武器』（ロバート・チャルディーニ著　誠信書房）

『7つの習慣』（スティーブン・コヴィー著　キングベアー出版）

『まんがと図解でわかる7つの習慣』（スティーブン・コヴィー監修　宝島社）

『なぜ、あのリーダーはチームを本気にさせるのか？』（広江朋紀著　同文舘）

『ドラッカー365の金言』（ダイヤモンド社）

『ハイパワーマーケティング』（ジェイ・エイブラハム著　ジャックメディア）

『大前研一と考える営業学』（大前研一著　ダイヤモンド社）

第3章：最強の営業パーソンとなる極意

『伊勢丹流できる営業マン7つの条件』（大川隆法著　幸福の科学出版）

第４章：MLMで成功する伝える力を身につける

『生涯現役社会が日本を救う！』（菅谷信雄著　平成出版）

『伝える力』（池上彰著　PHPビジネス新書）

『金持ち父さん、貧乏父さん』（ロバート・キヨサキ著　筑摩書房）

『金持ち父さんのキャッシュフロー・クワドラント』（ロバート・キヨサキ著　筑摩書房）

『あなたに金持ちになってほしい』（ドナルド・トランプ、ロバート・キヨサキ共著　筑摩書房）

『I can』（スイートランド、桑名一央訳著　創元社）

『I will』（スイートランド、桑名一央訳著　創元社）

『Think Big!』（大川隆法著　幸福の科学出版）

『感化力』（大川隆法著　幸福の科学出版）

『思考は現実化する』（ナポレオン・ヒル著　きこ書房）

『THINK & GROW RICH』（Napoleon Hill）

あなたの営業力、伝える力10倍アップの極意

2020年12月5日　初版第1刷発行

著　者　菅谷　信雄

発行人　後尾　和男

発行所　株式会社玄文社

【本　社】〒108-0074　東京都港区高輪4-8-11-306
【事業所】〒162-0811　東京都新宿区水道町2-15　新灯ビル
TEL　03-6867-0202　FAX　03-3260-9265
http://www.genbun-sha.co.jp
e-mail : genbun@netlaputa.ne.jp

装　丁　北澤眞人
印刷所　新灯印刷株式会社